L'illumination Bipolaire

Alexandre Bertorello

L'illumination bipolaire

Introduction:

Voici le récit d'un bipolaire. Mon histoire et mes aventures sont tout aussi féeriques, magiques que folles et chaotiques. Je vais vous conter mes nombreuses péripéties, mes découvertes et mon voyage à travers les brèches de la réalité. Cette maladie est difficile à vivre pour le malade comme elle est complexe à comprendre par le monde extérieur. Les états maniaques ou d'euphorie sont des états d'excitation où nous nous sentons surhumains et à l'inverse, les états dépressifs, sont des états de grande détresse où nous nous sentons faillibles et sous-humains. Sans un traitement adéquat, j'oscillerais entre ces états et aurais une vie noire dans ma chambre sans lumière ou blanche comme les blouses des soignants d'un hôpital.

J'ai longtemps refusé le fait d'avoir une fragilité, de souffrir d'une maladie mentale. Je pensais, et quelquefois je le pense toujours, que les événements vécus n'ont pas été le fruit d'une faiblesse psychique, mais plus un message, une mission de l'ordre d'une puissance supérieure. Quoi de plus normal que d'avoir foi en soi ne serait-ce qu'un laps de temps ? Tout ceci était, (paraissait) tellement, mais tellement réel.

En crise maniaque, j'avais l'impression de changer, de transformer, de programmer l'univers tout entier et de trouver la faille, comme un spermatozoïde qui féconde l'ovule, cependant là, l'ovule, c'était la Terre et le spermatozoïde, c'était moi. Ma maladie m'a fait perdre beaucoup d'amis ou certains qui n'en étaient pas réellement. En réalité, ce n'était que des personnes de passage dans la vie qui profitent de toi quand tu vas bien et qui t'abandonnent lorsque ça ne va plus, les mêmes sortes de personnes qui ne prennent que des animaux en bonne santé dans les animaleries et délaissent ceux qui ont le plus besoin d'eux, au bord des routes.

Je ne veux pas de mal à ce genre de personnes. Cependant, je sais que la vie les mettra sur le plancher de la dure réalité un jour ou l'autre, tôt ou tard. Et, lorsque ce jour viendra, que personne ne pleure pour eux pour qu'ils s'aperçoivent de la détresse d'une personne seule et gravement blessée dans un monde tel que le nôtre.

Je suis aujourd'hui stabilisé avec le Teralithe[1] après avoir essayé une panoplie de cachets. Après six crises dont cinq maniaques et les conséquences d'un tel bordel, je présume que je peux enfin suivre mes études sans y mettre fin incessamment. J'espère donc pouvoir achever mon objectif de grandes études et enfin pouvoir faire carrière dans un métier passion, peu importe lequel puisqu'énormément de domaines m'attirent.

Je me présente, je m'appelle Alexandre Bertorello, brun aux yeux verts, plutôt fin et d'un mètre quatre-vingt-trois, vous pouvez utiliser mon diminutif Alex, sans peur de représailles. De plus, je suis né le 29 octobre 1994 à Toulon, dans l'hôpital Font Pré, aujourd'hui détruit. C'est le chef-lieu d'environ cent-quatre-vingt-mille habitants du

---

[1] Médicament de traitement de fond des troubles bipolaires. C'est un régulateur de l'humeur (thymorégulateur) dont le principe actif est un sel de lithium. (♫ Nirvana-Titre : Lithium).

département du Var au sud-est de la France, avec sa rade méditerranéenne souvent considérée comme la plus belle d'Europe et son port militaire qui lui est le plus grand du continent.

À l'heure où je vous écris, nous sommes en avril 2019, j'habite à Carnoules, un petit village charmant au cœur du Var, d'à peu près trois-mille-cinq-cents habitants, dont l'emblème est une locomotive, qui se situe à l'entrée de ce dernier. Cet emblème n'en est pas un par hasard puisque Carnoules représentait la plus grande gare entre Nice et Marseille avant la Seconde Guerre mondiale. Je vis donc actuellement chez mes grands-parents et j'ai de ce fait 24 ans.

Je suis passionné par tous les domaines de la vie et surtout par l'amour, car je considère que l'amour, est l'unique et véritable quête de notre existence sur cette planète. J'aime énormément la nature et les animaux, tout particulièrement et depuis toujours, les oiseaux, notamment les rapaces. À défaut d'avoir un aigle, j'ai un petit élevage de perruches ondulées qu'il m'arrive régulièrement d'observer. Pour tout vous dire, j'écris présentement sur fond de leurs gazouillis, à proximité de leur volière. Par ailleurs, je dois souligner que chez mes grands-parents, le cadre est idéal pour trouver le calme et l'inspiration. Avec une très belle vue sur notre Dame des Anges[2].

Pour conclure et en revenir au sujet du livre, je vis aussi en terres d'extrêmes, car si vous ne l'avez pas encore saisi,

---

[2] À la suite du livre, la description de ce lieu sera faite.

je suis atteint de troubles bipolaires de type 1. Ce type de bipolarité est caractérisé par la présence d'un ou plusieurs épisodes maniaques accompagnés ou non de phases dépressives majeures. Pour vous définir simplement ce qu'est un accès maniaque, c'est un état de grande euphorie, avec une exaltation de l'humeur, un sentiment de toute-puissance et de mégalomanie. Celle-ci est généralement précédée d'une phase d'hypomanie, qui est une forme de manie moins intense et plus adapté pour une vie en société.

Le couple hypomanie et dépression caractérise les personnes ayant des troubles bipolaires de type 2, qui ne connaissent pas l'accès maniaque des types 1 et qui sont donc enclins à la dépression beaucoup plus qu'aux états d'euphorie.

Chapitre 1:
Le début

Voilà 2013 qui se termine, je viens d'obtenir mon baccalauréat scientifique, je suis content, car j'ai une copine même si mes beaux-parents ne m'apprécient guère parce que je fume avec leur fille. Il faut dire que personne sauf mes grands-parents ne me faisaient comprendre que la fumette était une drogue dure, au même titre que les autres drogues, c'était tellement banal de fumer, tout le monde le faisait et vantait la substance comme une médecine que les sages consomment pour grandir intellectuellement.

Mais, tout ceci est une supercherie, la drogue surfe sur la vague de la détresse humaine en fournissant un refuge aux êtres, un leurre qui les envoie directement dans l'amorphisme le plus total. Bref, j'ai eu une enfance très compliquée, beaucoup de déménagements, beaucoup de responsabilités à mon plus jeune âge et des parents en guerre. Pendant six ans après ma naissance tout était pour le mieux, je vivais au Luc en Provence, dans notre maison familiale. Un très beau village, de dix-mille-trois-cents habitants, lui aussi situé au cœur du Var, avec au centre, une tour hexagonale dominant le village. Bref, une vie équilibrée et des parents présents. À mes six ans, mon frère Elie est né, tout ce qu'il y a de plus normal, une famille qui s'agrandit. Puis un beau jour, à mes huit ans, mes parents décidèrent de déménager et d'aller en Espagne, j'étais contre mais que pouvais-je y faire ? J'allais perdre tous mes amis et ma petite copine de primaire, pour aller dans un pays dont je ne connaissais même pas la langue.

Nous y sommes allés et sommes arrivés, dans notre studio « balnéaire » à la Pineda de Salou, une ville très touristique située dans la province de Tarragone en Catalogne, avec de faux arbres de fer longeant la plage comme symbole. Village au bord de la méditerranée et aux abords d'une grande zone industrielle et d'un grand parc d'attraction « Port Aventura ».

Mes parents avaient décidé que je prendrais le bus tout seul pour me rendre à une école franco-espagnole à plusieurs kilomètres de la Pineda. Pour le premier jour, mon père, de 33 ans et de son prénom Jean-Luc que ses amis surnomment « Lucky », m'accompagna dans ce périple si angoissant pour moi à ce moment-là. Heureusement, il abandonna vite l'idée tellement c'était compliqué pour un petit de huit ans de prendre tous ces bus tout seul. Il me mit à l'école espagnole, à la Pineda et tous les matins et soirs, je traversais la ville et longeais la plage à vélo pour me rendre au CE2. Tout allait bien, je commençais à m'habituer à cette vie-là, j'avais une multitude d'amis et je maîtrisais plutôt bien l'espagnol. Je me souviens de m'être arrêter dans les boutiques pour acheter des cartes Pokémon et des toupies Beyblade, pour les connaisseurs.

À la fin de l'année scolaire, on déménagea dans une très grande maison villageoise que mon père avait achetée à Riudoms, un village de six-mille-six-cents habitants, là où naquit le célèbre architecte de renom catalan Antoni Gaudí, constructeur de la Sagrada Familia à Barcelone.

Riudoms, un village avec son église de grande renommée Saint Jaume du XVIe siècle, église magnifique. Après le déménagement, les problèmes arrivèrent.

Ensuite, à quelques mois d'école, mes parents commencèrent à se disputer, ma mère était passionnée de sorcellerie et de voyance et restait avec des folasses qui lui disaient que mon père était mauvais et j'en passe. Déjà qu'elle n'était pas claire ma mère, car je pense que j'hérite ça d'elle, mis à part qu'elle, ne s'est jamais soignée.

À partir de là, ma mère nous a rapatriés en France, avec mon frère Elie de deux ans, pendant quelques mois, puis ils se sont réconciliés. Nous sommes donc retournés en Espagne, mais les disputes devenaient de plus en plus violentes, je craignais qu'il y ait un meurtre. J'étais avec Elie dans le salon et les assiettes volaient, il y en a même une qui frôla son crâne et explosa dans l'escalier.

Franchement, ce n'était vraiment pas une expérience à vivre pour deux enfants si on ne veut pas qu'ils aient des problèmes, des blocages plus tard. Finalement, notre mère nous a récupérés et nous a ramenés avec elle en France, au point de départ, au Luc en Provence, dans un appartement. C'était la cinquième fois que je changeais d'école. Au point actuel, pour moi la notion d'amitié ne voulait plus rien dire, les amis dans ma définition n'étaient devenus plus que des connaissances de passage.

Bref, mon père revint en France, et obtint la garde alternée, autant vous dire qu'un week-end sur deux, c'était la guerre, ils se frappaient dans la rue devant tout le monde, nos brèches de gamins étaient grandes ouvertes et ils continuaient à les approfondir.

Pour fuir mon père, à la fin de mon CM2, ma mère décida de partir avec Elie et moi, à l'île de la Réunion, une petite île paradisiaque, bien que le tour y soit vite réalisé. Nous habitions au village Les Avirons de onze-mille-quatre-cents habitants, peuplé de magnifiques plantes et d'arbres indigènes, au-dessus du village l'Étang-Salé et ses plages au sable volcanique noir.

C'était la sixième fois que je changeais d'école. J'arrivais cette fois-ci au collège en 6ème, tous les soirs ma mère soit sortait, soit ramenait un homme à la maison, je vous laisse imaginer ce que ça fait dans la tête d'un enfant de savoir que sa mère s'apparente à une prostituée. Mon frère pleurait le soir lorsque ma mère sortait et je le réconfortais de ma présence.

On s'aperçoit que le fait d'être mère, finalement, ne garantit pas d'être une adulte qui se respecte. Ainsi, j'en avais assez d'elle et elle, en avait assez de nous, elle nous fouettait à coups de ceinture dès qu'on faisait une chose qui n'allait pas. J'ai aussi tout fait pour qu'elle nous renvoie chez notre père, et c'est ce qu'elle a fait après ma 6ème.

Ainsi, on a atterri à l'aéroport miteux de la seconde ville française, Marseille dans les Bouches-du-Rhône, pour vivre chez nos grands-parents à Carnoules et c'était vraiment cool de revenir aux sources. De plus, on ne manquait plus de rien, on avait eu des PlayStation, on était heureux, la galère était terminée.

Une psychologue conseilla à ma grand-mère, de son prénom Marlène, brune aux yeux marron, cheveux frisés comme moi et ayant aujourd'hui 72 ans, de m'amener en consultation chez un psychiatre.

Bien sûr, je n'en ressentais pas le besoin, je me sentais bien et tout à fait adapté. Alors, j'ai donc dit à celle-ci que ce n'était pas la peine, elle m'a écouté et elle abandonna rapidement l'idée de m'imposer ce genre de suivi.

Ainsi, j'ai fait mon collège en habitant seul dans un petit studio sous la maison de mes grands-parents à Carnoules, mon père résidait en Espagne à ce moment-là. Puis, après avoir obtenu mon brevet des collèges, j'ai intégré le lycée Jean-Aicard à Hyères Les Palmiers, une très belle ville du Var, touristique aussi de cinquante-quatre-mille habitants et je vivais dans la maison familiale de ma grand-mère que mon père avait rachetée à Carnoules. Lui-même était revenu d'Espagne et vivait chez sa nouvelle copine à Gonfaron, commune du cœur du Var également et de quatre-mille habitants. C'est la mère de mon deuxième petit frère, elle s'appelle Clara.

Tout ceci pour vous dire que dès le collège, je vivais seul et dès le lycée, à mes 15 ans donc, j'étais autonome et je gérais mes repas et les tâches ménagères seul. Mon père me donnait un billet pour la semaine, franchement, je n'avais pas à me plaindre. Ensuite, à mes 18 ans, pendant mon année de terminale scientifique, j'ai voyagé avec mon père en Amérique latine, en Argentine, mais notamment au Paraguay, c'était vraiment le paradis avec des personnes merveilleuses, un climat humide et chaud comme la chaleur humaine qui y règne. J'ai bien profité de rouler à moto sans casque, ou bien de guider le troupeau de vaches avec un très bon « ami » à moi.

En plus, il faut dire que là-bas tout le monde veut t'inviter à passer la soirée chez lui. Il est donc très difficile de devoir refuser à ces braves personnes leur hospitalité, mais comme on ne peut cependant pas se dédoubler pour ces personnes-là. Je passais mes soirées chez des amis rencontrés à Caacupé, ville de vingt-mille habitants, haut lieu de pèlerinage paraguayen avec sa cathédrale-basilique Notre-Dame-des-Miracles.

À mon retour, j'étais tellement blasé de revenir en Occident que j'ai dû passer au moins une semaine à ne plus travailler mes cours du lycée. Puis j'ai rencontré Anna, une belle et très mignonne petite fleur aux cheveux châtain clair et avec de magnifiques yeux bleus, en première littéraire et d'un an ma cadette. Bref, ma première vraie petite copine au lycée, nous passions nos journées à papillonner chez moi, on fumait ensemble, je la baladais régulièrement sur mon scooter 50 cm3 vers des coins de nature, notamment la rivière du Réal Martin[3] à Puget-Ville. C'est le premier village rural à l'est de Toulon de quatre-mille-trois-cents habitants, situé au cœur du Var pareillement, c'était plutôt agréable.

Cela étant, j'ai eu mon bac Scientifique, sans trop me fouler, car Anna était ma priorité, ma passion, bref, mon premier grand Amour. Cependant, elle, à la fin de sa première L, elle voulait complétement arrêter les études, j'ai essayé de la convaincre de ne pas le faire, mais non, ses parents ont tout fait pour qu'elle revienne chez eux et elle y est retourné, j'ai énormément souffert comme à chaque séparation d'ailleurs.

Le 29 octobre 2013, au lieu de me lancer directement dans des études Postbac, j'ai décidé de prendre une année

---

[3] Martin : prénom de mon « meilleur ami » du lycée.

sabbatique et à mon anniversaire, pour mes 19 ans. J'ai reçu un message sur les réseaux sociaux de ma mère dont je n'avais plus eu de nouvelles durant huit ans.

Elle voulait que j'aille la voir en Nouvelle-Calédonie, ce que j'ai fait, elle m'a invité chez elle à Dumbéa une ville jumelle à Nouméa, la petite capitale des Kanaks[4] de quatre-vingt-quatorze-mille habitants. On s'embrouillait souvent, elle était folle et susceptible pour le moindre truc que je disais, j'étais d'après elle, manipulé par mon père et sa famille.

De plus, il y avait une statue Bouddha au bord de la piscine qui s'était mise à pleurer de l'œil droit et ma mère, me disait que c'était ma faute. De plus, elle m'a même mis à la rue sous une crise de colère. Heureusement, j'avais passé la nuit chez de super personnes à Nouméa qui ont bien voulu m'accueillir, puis elle m'a récupéré le lendemain. En bref, j'en avais assez, j'étais blasé, ça devenait lourd, au point où mon beau-père et elle, décidèrent de m'envoyer en Nouvelle-Zélande, sous prétexte de me faire passer des vacances à l'aventure. J'avais bien compris qu'ils voulaient se débarrasser de moi et moi, j'étais bien content de découvrir en solitaire un nouveau pays. Ils me payèrent le billet d'avion et me donnèrent 600 dollars d'argent de poche pour dix jours et j'y suis allé.

Je ne me suis jamais autant senti libre et heureux qu'après ce voyage, j'avais atterri à Auckland qui n'est pas

---

[4] Le peuple Kanak est un peuple autochtone mélanésien français de Nouvelle-Calédonie.

la capitale, mais la ville la plus peuplée de Nouvelle-Zélande sur l'île du nord, avec plus d'un million-cinq-cent-mille habitants et douze heures de décalage horaires avec la France. Sachant que le décalage horaire est une des raisons avec les conflits, la transition de rôle, l'isolement social et le deuil, pouvant mener à une décompensation, c'est peut-être une des conditions qui m'a amené à déclencher ma première crise à la suite de ce périple. Ainsi, je me logeais dans un « backpacker[5] » de la Ville.

J'avais acheté une tente, 5 dollars, à un Uruguayen qui avait terminé son périple autour des deux îles, par principe de partir camper et éviter de me retrouver sans argent. J'ai pris le bus en direction du village de Rotoroa à l'odeur âcre de soufre à cause de son lac. J'y ai logé une nuit dans une auberge. Franchement, c'était magnifique de se retrouver en terres du « Seigneur des Anneaux ». Les trottoirs étaient éclatés par l'activité volcanique sous le plancher et le village était jonché de maisons style maori. D'ailleurs, j'ai rencontré un Maori[6] que j'avais pris sous mon aile à qui je payais le petit déjeuner le matin et qui

---

[5] Les « backpapers » sont des auberges de jeunesse où l'on se retrouve avec des personnes de toutes ethnies et surtout avec des sud-Américains comme le continent est assez proche de la Nouvelle-Zélande.

[6] Les Maoris sont un peuple indigène polynésien résident en Nouvelle-Zélande, ils font d'ailleurs pour certains de super rugbymans avec leur équipe nationale des All-Blacks et leur chorégraphie de début de match, l'Haka, que j'admire et qui me fait penser à la danse de la mort.

m'avait appris à dire, je m'appelle Alex en maori « Ko Alek takou ingaoa » et un tas d'autres petites phrases au cas où je me retrouverais dans une tribu, ce qui n'est cependant pas arrivé.

Le 30 décembre 2013, j'ai pris mon sac en direction de Taupo, ville de vingt-cinq-mille-quatre-cents habitants située au nord-Est d'un magnifique lac vue sur le volcan Tongariro, ou le Mordor pour les connaisseurs du « Seigneurs des anneaux ».

J'ai donc passé mon jour de l'an à faire la fête à Taupo avec une nuit sans sommeil, ce qui est encore un dé synchronisateur, incompatible avec une bonne hygiène de vie pour la santé mentale. Mais, bon..., quand on est jeune, eh bien, c'est la dernière chose à laquelle on pense que d'avoir un bon rythme vital, surtout un jour spécial comme le jour de l'An et dans un pays complétement à l'ouest du Monde.

Le lendemain, le premier jour de l'année 2014 donc, je me suis barré avec mon sac et ma tente dans la nature au-dessus de Taupo. La vraie aventure avait commencé. Je marchais au hasard dans des sentiers, jusqu'au moment de trouver un point d'eau de source chaude au bord de la rivière Waikato, j'ai alors pris mon bain d'à peu près 30 degrés, il y avait toute sorte de personnes des quatre coins du monde. J'ai longuement discuté avec une Américaine, une mère de famille très intéressante et puis j'ai continué ma route pendant une dizaine de kilomètres, jusqu'à atterrir dans un camping public où je me suis empressé de planter ma tente.

Le soleil commençait à disparaitre et j'avais mangé mes boites de thon. Il y avait une multitude de moucherons dans ma magnifique demeure bleue à 5 dollars, mais ça ne m'a pas inquiété ; finalement, les moucherons ne sont pas des moustiques, donc je me suis endormi comme une enclume. Le lendemain, je me suis réveillé avec des « tonnes » de plaques rouges sur le corps ; en vérité, les bestioles que j'avais prises pour des moucherons se nommaient des « sandflies », rien d'autre qu'un insecte fléau de Nouvelle-Zélande qui, comme le moustique, vous suce le sang et vous fait vous démanger par la suite. Bref, autant dire que le réveil était fort sympathique ! Je ne me plains jamais, donc ça va, j'ai laissé ma tente. J'ai ainsi repris la route en marche arrière pour prendre mon bain à la source d'eau chaude de bon matin. C'est tellement agréable ! Après avoir bien profité de ce moment fort alléchant, je suis parti visiter les chutes Huka Falls. Ce sont des chutes très violentes avec certains fous en canoë-kayak qui les traversent. Bref, c'est assez impressionnant.

Le jour suivant, j'ai visité « les cratères de la Lune », lieu vraiment magique avec une activité volcanique fort intense et des trous d'eau et de soufre bouillants où les Maoris faisaient cuire leurs aliments ; vraiment, c'était top.

Neuf jours s'étaient inopinément écoulés et je devais donc me préparer à retourner chez ma mère en Nouvelle-Calédonie. Ce que j'ai fait à contrecœur. Je suis retourné à l'aéroport d'Auckland direction Nouméa. De retour chez ma mère, j'ai attendu que le temps passe comme avant le voyage chez les Maoris jusqu'au moment pour moi de rentrer en Métropole. En rentrant au pays, j'ai commencé à fumer régulièrement et à m'enfermer dans une bulle.

J'avais vécu tellement de choses d'un coup que la pression à l'intérieur de moi, s'accentuait...

Chapitre 2:
La crise divine

La pression augmentait, je ne faisais qu'écrire des tonnes de bouts de phrases sur les réseaux sociaux, tout ce qui me traversait la tête, je n'arrivais plus à dormir, ni à manger, je réalisais ma passion, réfléchir et partager. Ce qui me guidait était l'amour, je voulais trouver ma princesse, celle qui essuierait mes larmes, j'aimais toujours Anna. J'étais aussi pris de ces espèces de bouffées délirantes, je me prenais pour l'Élu, le petit prince perché sur la Lune. Cependant, je l'étais, mes délires correspondaient à la réalité, j'étais tellement triste et seul que j'embellissais tout ça et décorais ma vie d'imaginaire, c'était un grand appel de détresse que je faisais à l'univers. Soudain, je reçus comme un flux d'énergie venant du ciel jusqu'à mon crâne, faisant un « vrouwww » continu à l'intérieur de ma tête. Il y avait une fille de deux ans ma cadette, Camille, magnifique et menue créature Vénusienne, aux cheveux rouges, yeux verts et qui vivait à Carnoules comme moi. Elle est venue me parler sur les réseaux sociaux et j'ai immédiatement songé qu'elle venait me délivrer un message. J'étais dans mon monde et quand je lui parlais, c'est comme si elle répondait à mes délires et m'y confortait, alors qu'en réalité, ce n'était pas du tout le cas. Dans mon imagination, je ne parlais pas à Camille, mais à Dame Nature.

Au départ, c'était comme un combat entre mon énergie masculine bleue de « père le Ciel » et la sienne, féminine, rouge menstruelle de « mère la Terre ». J'étais protégé par le flux d'énergie qui m'était « donné ».

Après avoir calmé la colère qu'elle me faisait ressentir, elle devint toute docile, j'étais déjà fou d'elle, je la prenais vraiment pour cette déesse de la nature. Dans mon univers, elle me disait qu'elle était emprisonnée dans la matière comme par malédiction. Je voulais donc la délivrer, elle, ma femme, la déesse mère et moi, l'homme, le père ciel. Je voulais conquérir le monde en sa présence, mais tout ce que je désirais avant tout c'était son amour que j'imaginais anesthésiant toute ma souffrance.

Cette souffrance créée par mes blessures abyssales que seuls les êtres hypersensibles peuvent connaître. Un mal creusé au fil de mon existence et des plus redoutables. Mon désir de dormir avait totalement disparu. Trois nuits sans dormir et la dernière journée, le jour se changea en nuit instantanément, Camille ne me répondait plus, dame nature était forcée, dans son monde, de couper toute communication avec moi. J'étais fou, fou d'elle, mais aussi fou d'elles, de toutes les figures féminines pour lesquelles j'avais plus ou moins craqué, même si ma plus grande faiblesse, c'était elle, c'était Camille.

Dans la nuit, j'ai donc pris mon scooter et je suis parti en quête de vérité. Je voulais trouver des réponses, puisque j'étais en plein désordre intellectuel et en complète incohérence. Mon délire était alors en construction, nous étions à ses prémices. De ce fait : chaotique et sans aucune finesse. Je voulais savoir quelle était la fille qui me permettrait de communiquer à ma Déesse d'Outre Terre et laquelle pourrait en être le relais. Ne cherchez pas à comprendre mais je pensais à Anna, à cette fameuse Camille et à Noémie, avec laquelle je discutais sur Facebook. Chacune avait des yeux différents, bleus, verts et noirs. J'associais les trois couleurs aux pouvoirs d'un trio féminin destiné à me transmettre un message de l'au-delà, je pensais que ces trois filles qui avaient eu une relation avec moi avaient pour mission de me guider, moi l'élu de la déesse « Hylia », déesse du ciel « la Sainte Vierge ». J'étais Link[7] et je cherchais Zelda la princesse.

En scooter, je suis allé dans le village d'Anna, à Pierrefeu village arrosé par le réal Martin tel « un rocher » au milieu d'Hyères, Puget-ville, Collobrières et Cuers dans la Métropole Toulon Provence Méditerranée. Je l'ai cherchée partout, j'ai escaladé des portails, parlé à des personnes qu'elle connaissait qui m'ont guidé jusqu'à elle et je l'ai enfin trouvée entourée de ses amis. Ils m'ont écarté d'elle, elle s'est réfugiée chez ses parents, et moi, je ne voulais que lui parler, ses parents m'ont barré la route, prirent leur téléphone et appelèrent les forces de l'ordre. Ils m'ont fait monter dans leur Kangoo et m'ont amené dans leur QG. Il y avait une gendarmette aux yeux bleus comme ceux d'Anna, je pensais qu'elle devait me transmettre un message, alors je la pourchassais dans la gendarmerie et elle riait. Mon père arriva en colère. Je ne voulais pas retourner avec lui, donc les gendarmes appelèrent les pompiers qui m'ont fait monter dans leur camion et m'ont amené à l'hôpital. À l'arrivée, ils m'ont dit « tu peux partir là maintenant ou entrer à l'hôpital ». Au départ, je voulais partir, mais dans mon délire, j'ai décidé d'aller à l'hôpital, je pensais qu'il s'agissait de suivre mon

---

[7] Link : héro du jeu japonais « The Legend of Zelda » qui se traduit par « lien » en anglais

chemin prophétique, alors j'y suis entré. Ils m'ont attaché sur un lit aux quatre extrémités mains et pieds liés aux rebords du lit.

C'est horrible comme sensation, mais je pensais qu'il s'agissait d'un test, d'une crucifixion. J'étais devenu Jésus et le drap blanc de mon lit d'hôpital représentait mon suaire de Turin. Après de grandes gueulantes dans ma cellule d'hôpital, le médecin vint avec quelques infirmières qui me firent une injection, ce qui me plongea dans la torpeur d'un sommeil de néant.

Au réveil, j'étais en caleçon dans une chambre, plein de perfusions, je ne peux pas dire combien de temps j'ai dormi. Je m'arrachai tout et je sortis du lit. Me retrouvant dans les couloirs, une infirmière me vit ainsi presque nu et vint me raccompagner dans ma chambre et me dit de me rhabiller.

Ça y était : fin août 2014, j'avais atterri en psychiatrie, mais ce n'est pas pour autant que j'étais redescendu sur Terre... ! C'était la première fois que j'étais séquestré, et comme je l'ai indiqué, j'étais en pleine mission. Je voyais le corps soignant comme celui qui voulait me priver de mes rêves, de mon avancée vers l'illumination.

Je passais mes journées à écrire des poèmes, espérant faire changer les consciences, c'était une vraie bataille. J'adorais discuter avec certains psychiatres, ils avaient l'ampoule au-dessus de la tête et comprenaient ma maladie. Il y en a un particulièrement qui était très calme et très gentil, même si j'étais très loin dans la stratosphère, il lisait mes écrits, mes poèmes, et pour calmer ma colère, essaya de baisser mon traitement comme je le demandais, même si finalement, je ne le prenais jamais, je cachais les pilules sous la langue et les recrachais. Pour ma part, ce que je retenais des médicaments, c'était la syllabe « ment » de mentir.

Je créais des tensions entre les infirmiers. Certains ne toléraient pas le fait que je n'avais pas énormément de médicaments à prendre, quand d'autres ne disaient rien. Un jour, ils ont augmenté mon traitement, je l'ai pris. J'ai alors simulé une perte de connaissance, c'était pour faire croire que le traitement était trop fort et pour ne plus en prendre. Andrea, une collègue de chevet, aujourd'hui décédée de surdose de drogues, me vit tombant au sol et appela les infirmiers. Ils m'emmenèrent sur le lit des consultations et, bien sûr, ma simulation n'avait pas fonctionné. En tout cas, j'ai remarqué une différence entre eux : certains se moquaient, d'autres s'énervaient et les derniers avaient beaucoup de peine. Je pouvais la voir sur leurs visages. Je me souviens particulièrement de Vincent à qui j'avais dédié un poème, dans lequel je jouais sur son prénom, sa gentillesse, son air d'innocence et sa compassion qu'il m'évoquait contrairement aux autres infirmiers, moins empathiques et plus autoritaires. Je n'ai cependant plus le poème, j'en ai écrit énormément et ils ont tous fini aux oubliettes. Même s'il m'arrive d'en écrire souvent, je ne tiens pas à les archiver.

C'était enfin le jour de ma sortie, en ayant bien joué le jeu du patient guéri, je suis enfin sorti, mais la bête qui me rongeait continua de le faire. Je voyais des signes partout, je lisais les numéros des plaques d'immatriculation ; les chiffres et les lettres me communiquaient un message, c'était un signe, un signe d'elle, celle que j'aime, ma désirée, celle qui m'était destinée.

J'étais désormais persuadé qu'il s'agissait de Camille, j'ai alors jeté mon dévolu sur elle, je lui ai reparlé et je lui proposai de faire une sortie qu'elle accepta. Je l'ai amenée au sommet des Maures, à Notre Dame des Anges à Pignans, un fantastique coin de nature peuplé de châtaigniers perché au sommet de la chaine des Maures à 780 mètres d'altitude avec une chapelle et une antenne, tout ça en scooter. On a énormément discuté, elle n'a même pas fumé d'herbe avec moi, elle était parfaite à mes yeux. Ensuite sa mère a dû s'inquiéter de la savoir avec moi et elle et son mec lui ont dit de rentrer. Je l'ai fait monter sur mon scooter et je l'ai ramenée jusqu'à la route sur laquelle ses parents l'ont récupérée, bref quand j'y repense la pauvre...

La deuxième fois, nous nous sommes vus et nous nous sommes embrassés, j'étais vraiment amoureux, mais il y avait un obstacle entre nous, c'était l'amitié de sa meilleure amie qui ne la lâchait plus. Nous sommes allés dormir dans ma maison et je l'ai embrassée toute la nuit. C'était génial, mais comme je suis un peu fou, que j'interprète mal les choses, j'allais commencer à faire plus que des baisers, ce qui ne lui a pas du tout plu et elle est donc rentrée chez elle. Finalement, sa pote et l'influence qu'elle avait sur Camille ne me plaisaient pas, comme toutes les relations amicales fofolles d'ailleurs.

Bref, je suis retourné la voir, en revanche cette fois-ci c'était pour aller avec des amis à elle, dans une espèce de concert à Hyères. En résumé, tout ce que je voulais, c'était être seul avec Camille, donc la souffrance, la frustration réveillèrent le mal en moi et je replongeai dans la crise, le ridicule et la folie...

Je vous laisse imaginer le jugement que Camille a dû avoir sur moi, je m'en voulais à mort. D'un côté, je savais que je déconnais, de l'autre, je voulais rajouter de l'huile sur les flammes et déconner encore plus, cependant ce côté de moi remporta la partie et doucement le feu s'amplifia...

Chapitre 3:
La crise primitive

Je créchais dorénavant chez mes grands-parents. J'étais sous leur surveillance depuis cet épisode, dans une villa à la campagne, reculée du village. Je passais mes journées à ne rien faire. Ma première crise m'avait fait louper mon entrée en première année de médecine (PACES) à la fac de médecine à Montpellier.

Je refusais de prendre mon traitement puis tout le monde pensait sauf ma grand-mère que je n'étais pas malade, que ce n'était qu'une simple crise tardive d'adolescence. Je ne prenais donc pas de médicaments et mes délires étaient là et j'essayais de le cacher, mais mon cerveau travaillait, il imaginait tout un monde. J'appréhendais chaque symbole mystique. J'écrivais encore et encore.

Le travail, toujours comme s'il s'agissait de la seule source de bonheur possible, la seule en tout cas qui pouvait réaliser mon rêve de grandeurs, d'entrer dans la faille et de rejoindre ma déesse. J'étais persuadé d'être suprême, d'être le roi de la fourmilière qu'est cette insignifiante et absurde humanité. Je me cachais pour fumer, mes grands-parents ne le toléraient pas du tout.

Ma peine de cœur s'était amplifiée à cause de mon obsession pour Camille au point où je faisais une fixette sur elle qui ne voulait plus me parler. En même temps, je peux le comprendre, car j'étais flingué.

J'ai commencé mon rituel mystique : je m'installais sur mon lit devant mon PC. J'enchaînais ainsi les phrases, les mots, les chiffres parfois et ça avait du sens pour les autres, parfois pas du tout. Ce qui est sûr, c'est que je comprenais tout ce que je faisais et tout ce que je faisais avait un sens que moi, celui qui vous écrit aujourd'hui en étant stabilisé, n'est même plus en mesure de comprendre.

Tout ce qui sortait de mon esprit, sortait des gouffres, de l'enfer. C'était le rejet des flammes en moi, ça bouillonnait. Comme ça bouillonnera toujours, tellement de haine, de colère, de violence réside dans ces terres, que quand on ouvre les portes comme je l'ai fait, il y a tout qui brûle, tout s'anéantit et se putréfie. Il n'y a plus de beaux, plus de gentils, plus de douceur. Il n'y a que le malin. L'enfer comme le paradis est en nous, soyez-en certains.

J'ai recommencé à ne plus dormir, à ne plus manger, je veillais tard et mes grands-parents s'inquiétaient. Au bout de la troisième nuit sans sommeil, les rêves commencèrent à prendre vie et à se mélanger avec la réalité. J'écrivais, j'écoutais de la musique (notamment du rap) et plus les sons étaient mystiques, plus ils me correspondaient. J'étais complètement excité, chaque son m'était destiné. C'est comme si les chanteurs parlaient en mon nom, quoi qu'ils disent, ils chantaient pour converser de ma vie, leurs souffrances étaient les mêmes que les miennes et leurs poésies provenaient de Dieu, donc de ma personne...

Comme je l'ai dit, tout était là pour me communiquer un message, je n'entendais pas de voix, mais j'associais ce que je voyais au message de ma bien-aimée « imaginaire ». Il devait être tard dans la nuit, j'étais avec mon petit chien, Terri, quand je lus une publication avec une photo représentant un chien qui demandait : « donne-moi à manger s'il te plait ». J'ai jeté un œil sur mon chien Terri et pour ma part, il me demandait ça, dans ma tête, il avait faim alors, je me suis levé, je suis allé dans la pièce du frigo et j'ai vidé tout le contenu de ce dernier par terre pour lui. Ma grand-mère rentra, j'étais totalement délirant, elle cria de colère. Moi, je ne disais que des bizarreries que j'étais seul à comprendre. Mon grand-père, de son prénom Jean-Pierre, arriva et ne comprenait pas non plus. Il essaya de me faire peur avec un bâton et me lança un coup, je me protégeai le visage avec un Age-Uke, une technique de protection de karaté. Comme si tout ce que j'avais appris devint soudainement utile.

Je me suis esquivé dans cette campagne entourant la villa de mes grands-parents, je me suis déshabillé entièrement. Je suis aussi allé dans la colline derrière chez eux. Je voulais revenir à la nature, me purifier en retournant au stade primitif, ce que je fis. J'ai emprunté un chemin de terre et je l'ai suivi jusqu'au bout. J'escaladais les pentes sauvages et épineuses de colline pieds nus. J'avais les pieds en sang, j'entendais des bruits, sûrement des sangliers. Je leur criais après, pensant qu'il s'agissait de la vermine des ténèbres

Il faisait nuit et je connaissais une grotte, plutôt une petite faille au sommet de cette colline (qui existe vraiment), je m'y rendis et je me suis installé à l'intérieur. La faille est un peu profonde et il y fait chaud. Mon signe astrologique est celui du Scorpion alors, je me suis couché au sol comme l'insecte parmi les araignées et leurs toiles. À ce moment-là, je me sentais extrêmement vivant et libre, des centaines de fois mieux que n'importe quel état dans lequel une personne normale peut se retrouver ayant pris des substances ou pas.

Je regardais la sortie de la grotte tout en étant allongé sur le sol de celle-ci. J'attendais. Je pensais que j'allais être aspiré dans les tréfonds de la Terre et suivre ma destinée en Enfer, mais rien de tout cela n'arriva, mon cerveau était à 2000. Je vis aussi à travers l'entrée de la grotte, la nuit se changer en jour et se retransformer en nuit en quelques minutes, ce genre de délire qui conforte la psychose dans laquelle j'étais.

Je suis alors sorti de la grotte, pensant avoir changé de dimension, il faisait encore nuit, je me suis mis à l'entrée de cette dernière ; je vis dans le ciel cinq lumières au loin. Elles étaient très lentes et pas si éloignées du sol, elles s'approchaient dans ma direction. Je descendis à mi-chemin du sentier conduisant au sommet de la colline. Les lumières avançaient, je regardais : il s'agissait de cinq vaisseaux triangulaires de lumière blanche. Je pensais qu'ils venaient me chercher, ils m'ont survolé. Je vis alors que ça ne pouvait pas être des avions, sachant surtout que la patrouille de France ne défile pas à cette heure-là et qu'ils étaient bien trop lents et trop proches pour ne pas faire de bruit et en être. Ils me survolèrent et s'en allèrent jusqu'à ce que je ne puisse plus les voir.

Je descendis dans la broussaille et vis dans le petit chemin de terre un mur de lumière, il y avait comme des boules lumineuses qui avançaient vers moi. Dans mon ressenti, il s'agissait d'anges, mais je ne voulais pas le chemin de facilité qui était d'accéder directement au paradis. Ils s'avancèrent et je me cachais dans les ronces pour que ces derniers ne me rencontrent pas. Je voulais finir la mission que je m'étais auto attribuée sur Terre, je ne voulais pas rejoindre le ciel et disparaître sans difficulté.

Ensuite, j'ai eu soif. Le seul besoin dont je n'ai jamais réussi à me séparer dans mes crises, était le besoin de boire. C'était comme la chanson de Michel Fugain « fait comme l'oiseau... », vivre d'amour et d'eau fraîche. C'était pour moi la clé de pérennité de l'espèce humaine, en finir avec le meurtre des espèces animales et être en contact avec le Supérieur. Le but était l'illumination, être des créatures de lumière se nourrissant d'eau et d'amour seulement. Le mur de lumière avait disparu, je me suis levé, toujours nu, pour retourner chez mes grands-parents avec une soif énorme. Sur le chemin il y avait des vignes. Pour boire, je suçais les grappes de raisins, le sang du christ, mon sang. Eh oui, car dans mon cas, j'étais tout-en-un, tous les dieux, tous les grands prophètes, tous les morts, j'étais celui qui représente à lui seul toutes les croyances et même pire, tout ce qui existe. J'étais l'envoyé et Dieu lui-même.

De retour chez moi, ma grand-mère ne voulait pas m'ouvrir, elle avait peur, elle appela mon père et finit par m'ouvrir. Entre-temps, j'avais (lancer) la pompe d'un bassin à mon grand-père pour le vider et rendre l'eau à la terre, tout désormais était symbolique. Mon père arriva, me calma d'un ton sévère et m'emmena dans sa maison où je m'installais sur un matelas pliable dans la pièce. Je n'arrivais pas à dormir. Je ne le voulais pas. Je mettais du son sur mon portable et le lendemain mon père devait aller travailler lorsque le soleil se leva. J'étais seul et toujours aussi délirant, j'ouvris les robinets de toute la maison et mon père arriva en colère. J'ai jeté ses clés à la poubelle et j'ai pris la fuite par le toit de la maison. J'escaladais les grilles des maisons voisines et je me suis retrouvé dans le grand champ derrière la maison. Je marchais jusqu'à la petite rivière et y descendis.

Une fois dans le lit de la rivière, j'ai retiré toutes mes affaires, tous mes vêtements et en remontant à contre-courant, j'enlevais toutes les pompes des maisons avoisinantes qui prenaient l'eau de la rivière. Je voulais rendre l'eau à la planète, il n'était pas question que les hommes s'en accaparent. J'ai escaladé, encore une fois, les broussailles et je suivais le chemin des ombres que faisaient les branches d'arbres et les fils électriques au sol. J'escaladais comme un singe. D'ailleurs c'est fou comme j'étais devenu dans mon trip n'importe quel animal. Je suivais le fil d'ombre jusqu'à atterrir dans le jardin d'une maison dans lequel il y avait une piscine ; c'était la destination finale et j'y plongeai. Les propriétaires me virent et appelèrent les gendarmes tout en étant très perturbés, ce que je conçois d'ailleurs. Un mec à poil chez eux (c'est l'asile qui s'invite à la maison, j'estime ça drôle). Ces personnes m'ont donné une serviette pour me couvrir et les gendarmes arrivèrent me faisant monter comme à chaque fois dans leur Kangoo bleue à sirènes et prirent la décision de me ramener chez moi.

Là encore, j'indiquais de fausses adresses, je ne voulais pas rentrer. Alors, ils ont pris la route des urgences, une fois encore le jour se changea en nuit au passage dans le village de Pierrefeu, précédant la ville d'Hyères où sont les urgences. Je vis à travers les fenêtres de la voiture de gendarmerie, le centre du village comme en guerre, les femmes pleuraient, se faisaient battre par les militaires, les jeunes étaient réquisitionnés dans des camions de l'armée. Comment dire, c'était comme un grand film de guerre de la période hitlérienne, avec l'armée faisant loi, le soleil et la pluie chez les civils

Tout ceci me confortait dans mon délire, que je vivais très bien et de manière agréable sur le moment. Les gendarmes riaient avec moi, un se faisait passer pour « Captain America ». Dans la voiture, la centrale disait qu'il y avait un homme muni d'une hache qui voulait tuer une autre personne. Ça paraissait tellement délirant que ça me confortait dans le trip. Je disais que cet homme était sûrement un homme bien par humour et les gendarmes déliraient avec moi. Sur l'autoroute, ils roulaient très vite et il y avait un radar à l'entrée d'Hyères. Les gendarmes m'ont dit de faire un doigt d'honneur pour la photo, ça me faisait vibrer donc je ne me suis pas gêné pour le faire jusqu'à être flashé dans leur voiture ! En tout cas, j'ai bien aimé et j'aurais grandement apprécié voir cette photo de mes propres yeux.

Ensuite, ils m'ont conduit à l'hôpital et là pareil, les soignants m'ont attaché comme d'habitude. En revanche, cette fois-ci, j'ai atterri en psychiatrie en soins intensifs à l'HP de Pierrefeu aux Palmiers 1. Je me suis réveillé dans une chambre, j'étais encore complètement délirant. J'ai rencontré une femme, Sandy, belle blonde trentenaire, qui vivait à la Garde, ville de vingt-cinq-mille habitants et d'autres amis. J'attribuais à chacun un rôle dans un jeu de cartes. Moi, j'étais toutes les cartes, surtout le joker et je valorisais les meilleurs en leur attribuant la place de roi ou de reine. Je sais, ça parait fou mais mes compagnons de maladie, croyaient en moi. Certains étaient contents de la place que je leur attribuais et d'autres qui avaient des chiffres comme cinq plutôt que des cartes maîtresses en étaient malheureux.

J'écrivais énormément de choses et je me souviens d'une découverte de malade toute particulière : lorsque nous liions nos mains à partir des doigts, nos lignes de la main forment le mot ALLA, comme le Dieu des musulmans. Alors comme j'adorais jouer avec les mots, j'avais modelé mon prénom et Alexandre était devenu Al(exe)lA où Alex est écrit en miroir ce qui donnait « Alex est là » ou AllA.

J'étais doué en informatique et le .exe signifie exécutable pour les logiciels, j'étais donc un envoyé (un logiciel) pour transformer le monde. J'ai sur le champ partagé ma découverte avec tout le monde. Pourtant, personne sauf les patients, accordait d'importance à cela, ce qui m'a fait en partie redescendre. Je passais mon temps à me réfugier dans l'amour, et de ce fait, j'embrassais et câlinais Sandy, bien qu'elle ait onze ans de plus que moi, je la voyais comme une déesse.

Tout cela est épuisant, le cerveau est en ébullition et la redescente ressemble à une guerre avec soi-même. On s'empêche de donner raison à la réalité, même si tout nous fait dire qu'on a tort, on s'accroche à son si bel imaginaire, on ne veut plus refaire partie de la Terre. Je suis sorti de psychiatrie pour la deuxième fois et mon père ne me comprenait pas alors, il commençait à me blâmer, me dire que j'étais nul, que je n'avais même pas d'appart à mon âge. Pour lui, je n'étais pas malade mais juste en crise d'adolescence.

Chapitre 4:
La crise de la royauté

Je suis sorti une nouvelle fois de psychiatrie et cette fois, j'étais encore pendant un moment dans mon état normal un mois ou deux. Je ne restais pas chez mes grands-parent. J'en profitais pour partir et fumer des joints presque tous les soirs chez Tonio, un brun marginal, un très grand et ancien ami de mon père, lui aussi pensait qu'il ne s'agissait que d'une crise d'adolescence.

Le mal a agi à nouveau. Je refusais toujours de prendre mon traitement et en plus, quand je le prenais, il me donnait un tas d'effets secondaires. Je continuais d'écrire jusqu'à me remettre dans mon état de transe. J'étais de nouveau fou à lier. J'ai pris mon scooter et je me suis rendu à Pignans, le village voisin de trois-mille-neuf-cents habitants dans lequel domine la fameuse notre Dame des Anges au sud du village.

J'étais debout sur la place des écoles, avec une grande fontaine d'eau représentant un chasseur (Jules Gérard) entouré de lions, eau non potable. J'avais soif, j'ai bu l'eau qui sortait de la gueule de la statue de lion de la fontaine. Le soleil descendait progressivement à son coucher. Je le fixais du regard pour essayer de le faire remonter et j'avais l'impression que ça fonctionnait, qu'il restait figé. Je me concentrais pour qu'il retourne à son zénith, lorsque je vis une personne en fauteuil roulant. Il avait ses deux jambes amputées. Dans mon esprit, j'étais là pour réparer les erreurs de Dieu qui laissa l'homme, sa création, dans la maladie ou le handicap. Je parlais avec lui et lui racontais qui j'étais : Dieu en d'autres sortes. Je discutais avec lui d'un tas de sujets et je lui racontais ma croyance la plus profonde, celle que l'esprit transforme la matière, ce qu'on appelle la foi. Je voulais qu'il se lève et qu'il imagine si fort des jambes. Je voulais lui donner l'espoir salvateur, celui qui réalise l'impossible.

Je suis entré dans son crâne tel un grand illusionniste ou manipulateur, appelez ça comme vous le souhaitez. On riait tous les deux, mes dires étaient comme du pain bénit pour lui. Il avait tellement foi en moi qu'il faisait mine de se lever pour marcher, mais ça ne fonctionnait pas, même moi dans mon rôle de délirant, je savais que ça n'allait pas fonctionner. Je l'ai laissé partir avec son fauteuil avec la promesse qu'un jour, j'allais guérir le mal de toute l'humanité, y compris le sien, car je croyais qu'il me fallait du temps pour comprendre les choses afin d'agir efficacement.

C'est complètement fou, je sais, mais moi qui l'ai vécu, c'était un moment de grande émotion et de compassion intense. Je suis parti vers l'église du village et je suis entré en forçant la porte. J'étais seul dedans, je m'installais au-devant et je mis sur l'autel toutes mes affaires comme pour un rituel, j'allumais les bougies. J'étais chez moi, dans mon temple. Je démarrais mon portable avec de la musique. Je dansais aussi, j'étais à 100 000, je me parlais à moi-même et en conversant avec moi-même, j'avais l'intime conviction qu'elle m'entendait.

Oui. Elle, ma bien-aimée emprisonnée sous la matière, car elle m'avait confié qu'elle voyait exactement tout mais ne pouvait pas agir. J'ai donc commencé à faire comme si elle était avec moi, je pris la gouvernance du monde avec elle. Elle était présente dans ce silence ecclésiastique et lorsque j'ai eu soif, j'ai bu comme un ours dans le bassin d'eau sacrée et bénite. J'étais aux anges avec les cierges et les tableaux qui faisaient pour moi toute ma gloire. J'étais enfin devenu le roi du monde, les sièges inoccupés de l'église étaient pour moi, dans ma toute puissance délirante, bel et bien occupés par des foules d'esprits, de morts invisibles.

Je faisais mon discours devant toutes ces personnes qui n'existaient pas mais sans les voir, je les imaginais me regardant et m'écoutant. Je ressentais leur présence, ils étaient dans ma construction mentale, émus, fiers de moi et emplis d'admiration et de respect, fiers de leur Roi, Hadès. Roi des morts et des enfers mais aussi maitre de Pluton gouvernant le signe du Scorpion.

Dans cette scène imaginaire, les personnes les plus importantes étaient devant et les moins importantes derrière. Je reproduisais simplement ce que j'imaginais de la vie d'un roi ou d'une personne puissante, néanmoins moi, je l'étais dans un monde imaginaire.

Une femme croyante et âgée entra dans l'église. Elle me vit complètement possédé, lui demandant de me rejoindre sur l'autel, elle eut la réaction de faire le signe de la croix et s'en alla. Après ce cirque, je suis parti, je suis allé chez Tonio qui m'hébergea et il me fit dormir sur un lit, dans sa mezzanine. C'était la première fois que, pendant une crise, je réussissais à m'endormir. Certainement parce que je m'étais énormément dépensé.

Mon père vint me chercher le lendemain matin, le sommeil ne m'avait pas du tout fait redescendre et il me conduisit à l'hôpital ; ça y était. Je retournais de nouveau en psychiatrie. Cette fois, en HP, j'ai rencontré Laura, une magnifique blonde polonaise et croyante, très amoureuse, avec qui je passais mes journées à l'embrasser. Depuis ma sortie, je ne l'ai en revanche plus revue, dommage.

J'étais toujours fou, mais elle croyait en moi et me prenait pour Dieu, même si tout ça commençait sérieusement à me fatiguer. Dans mon délire, je commençais à ne plus avoir foi en moi, en mes rêves. C'était horrible et brutal ce moment de redescente, j'ai commencé à énormément souffrir.

J'étais très mal...

Chapitre 5:
La crise dépressive

J'étais très mal, oui très, je redescendais de mon bonheur illusionné et je me prenais dans la tête toutes les foudres de mon entourage. Ça ne m'a pas du tout aidé. J'ai commencé à sombrer dans la dépression, tous les regards qu'on me jetait étaient des regards de blâme. Du petits-fils intelligent, j'étais devenu la mauvaise herbe, le mec pas net, le bête, le clown. Je n'arrivais pas à supporter ça, en plus du fait de ne rien faire.

J'étais chez mes grands-parents et je jouais à la console parfois avec mon frangin Elie. Je devais prendre des somnifères pour m'endormir le soir, donc j'avais la boite avec moi, puis je réfléchissais tellement, je n'arrivais pas à être bien. J'avais comme une énorme douleur physique tout au long de mon corps, rempli de regrets, de colère, de mauvaise estime de soi. Je m'en voulais d'avoir été si ridicule, je voulais en finir. Moins d'une semaine après être sorti de psychiatrie, j'ai avalé une boîte de somnifères ; je pensais vraiment que ça allait me tuer mais non ça ne l'a pas fait. Je me suis réveillé quatre jours plus tard à l'hôpital avec des perfusions autour de moi. C'était un cauchemar, ça m'a mis encore plus mal. Tout ce que je voulais désormais, c'était mourir et je ne pouvais pas. J'avais demandé un rasoir jetable pour me raser. Je l'ai utilisé sur mes bras, mais ça ne coupait presque pas. J'ai donc abandonné l'idée.

Les infirmiers l'ont remarqué quelque temps après et se sont inquiétés, me donnant toujours plus de médicaments.

Il y avait une infirmière toute douce et gentille, la quarantaine, elle essayait de me raisonner, ça ne me faisait rien. Je passais des jours entiers à me torturer. La pire des souffrances que j'aie pu ressentir de mon existence, c'était celle-là : la souffrance mentale. J'étais dans mon lit d'hôpital et je souffrais tellement, que je me suis mutilé le visage avec mes ongles jusqu'au sang. Je souffrais tant que plus rien d'autre ne pouvait me faire mal. Je voulais mourir plutôt que de souffrir autant, tant le mal était profond.

Après cette crise dépressive, je suis redevenu à peu près normal, toujours en souffrance, mais mieux, surtout après que mon père et ma grand-mère aient compris que je souffrais d'une maladie et qu'ils me témoignèrent leur soutien. Je n'étais plus blâmé, j'étais considéré comme un malade et plus comme un débile mental. Cette simple action de leur part, m'avait en partie guéri. J'avais retrouvé une part de paix en moi, je pouvais donc sortir une nouvelle fois de psychiatrie...

Chapitre 6:
La crise dictatoriale

Voilà maintenant que je suis sorti de psychiatrie. Il est grand temps pour moi de reprendre les études. Nous sommes en 2015 et grâce à mon éternelle bonne volonté, je me suis inscrit dans une formation de DUT (diplôme universitaire de technologie) GEII (génie électrique et informatique industrielle). J'allais reprendre mes études en septembre, je ne fume plus, du moins partiellement. J'arrête aussi de prendre mon traitement. Je pense encore une fois à tort que je n'en ai pas besoin.

Le jour de la rentrée est début septembre 2015. Comme d'habitude, je masque mon lourd passé, je suis de quelques années plus vieux que les autres. Les études se passent bien. Le 1er semestre dans la poche, je finis même dans le groupe européen, comprenant les meilleurs de la promotion. Tout se déroule bien, mais au début du deuxième semestre, je me remets à fumer de plus belle. Je remplace carrément les clopes par l'herbe. Je recommence à ne plus dormir.

Quotidiennement, j'allais en cours, je mangeais dans des fast-foods avec des potes et, à chaque fois, je finissais par vomir dans les toilettes tout ce que je mangeais. Mon corps refusait de s'alimenter ; je voyais ça comme un message divin. Je trouvais des cartes de jeu par terre et j'associais ça à des messages. Il m'était arrivé d'en voir une à l'entrée de la maison du village à Carnoules avant ma première crise. Il s'agissait d'une dame de pique. Bref, je continuais à voir des cartes seules au sol sur ma route et à chercher la définition symbolique de ces dernières sur internet.

J'ai toujours été ouvert d'esprit et j'ai toujours été attiré par l'ésotérisme. Un jour, je ne voulais plus continuer, j'en avais assez des cours, convaincu d'avoir un destin plus grand que celui qu'on me proposait. En classe, j'ai donc sorti mon portable à plusieurs reprises pour me faire exclure. Ce qui a été fait. Je suis alors retourné dans mon appart (celui de mon père) au 13e étage dans la cité Pontcarral à Toulon. Je me suis enfermé dans ma chambre et tout en fumant, je recommençais à écrire sur les réseaux sociaux tout ce qui me traversait la tête. Et là pareil, je ne dormais plus, ne mangeais plus, depuis trois nuits déjà.

Un soir, mon père rentra, sentit l'odeur de l'herbe et commença à se mettre gravement en colère ; il ne voulait pas que je m'en aille. Il s'est donc mis sur mon chemin à la sortie de l'appart'. Alors, pour le faire partir, j'ai levé mon bras comme pour le frapper mais c'était juste pour lui faire peur. Il a eu peur, il est allé prendre un couteau pour me faire encore plus peur et me calmer. J'ai fui, j'ai couru dans les escaliers du 13e étage. Je suis aussi allé me planquer dans les cages d'escalier du 7e en attendant qu'il abandonne ses recherches. Une fois que je pensais la voie sûre, je suis parti dans la ville de Toulon.

J'avais ma carte bleue et mon portable. Il faisait nuit et dans une rue, je vis un homme qui semblait perdu. Pris dans mon délire, je lui parlais sur un ton fort, je lui demandais ce qu'il faisait là, et il me dit que sa femme avait fait une crise et avait tout cassé chez eux. J'ai retiré 100 euros en deux billets de 50 et lui en ai donné un, en ajoutant de me trouver de la drogue s'il voulait l'autre billet.

Il le fit, ensuite, nous sommes devenus collègues. Il croyait en mes délires, il pensait que j'étais ALLAH.

Il m'emmena chez lui, me montra les dégâts qu'avait causés sa femme et je lui parlais de moi, de ma mission. J'étais vêtu d'un blouson noir et je le persuadais que j'étais le flic de la planète. Il était comme passionné par ce que je lui disais, il pensait vraiment que j'étais le verbe d'ALLA, d'ALLAH. Comprenez que dans cet état, je crois tellement fort en ce que je dis qu'il est difficile pour une personne qui n'a pas toutes ses convictions déjà préconstruites de ne pas me croire.

Je marchais dans la ville à ses côtés comme s'il s'agissait de mon prophète et à un passage piéton, il ne voulut plus me suivre. À ce moment-là, une voiture de police arriva et l'embarqua, avec les policiers me disant d'éviter de rester dehors. C'était fou et ça me confortait encore plus dans mon délire. J'étais tout-puissant et protégé par l'univers.

Je suis allé dans le centre-ville et suis tombé sur des jeunes sans domicile fixe qui avaient vu la faiblesse dans laquelle j'étais et qui voulaient profiter de la situation en me demandant si je voulais 300 euros de résine de cannabis. J'ai répondu oui, nous sommes donc allés au distributeur. J'ai mis ma carte bleue, entré le code. J'inscrivis aussi sur l'écran le montant de 300 euros et là le distributeur refusa l'opération. Je dis aux deux SDF que c'était impossible et je vis la fille essayant à nouveau avec ma carte. Je compris qu'elle avait de mauvaises intentions alors, je l'insultai devant son mec avec des mots horribles à entendre. J'étais le dictateur. Je gueulais alors sur la pauvre dévergondée. Son mec arriva par-derrière, me mit à terre et me roua de coups au visage. Je ne ressentais rien et même, je riais. Il partit chercher une bouteille de bière vide par terre avec l'intention de l'exploser sur mon crâne. J'ai donc fui d'un pas de course.

J'étais toujours délirant et content de leur avoir fait un si grand faux espoir d'arnaque ratée. J'avais l'œil explosé et je ne pouvais plus voir que d'un œil. Je fis signe à la première voiture qui me conduisit au commissariat qui, eux, appelèrent les pompiers en me disant « tu vois. On t'avait bien dit de rentrer chez toi ». J'ai attendu les pompiers qui, à leur arrivée avec leur camion encore une fois, m'ont directement mené à l'hôpital Sainte-Musse de Toulon.

Ils m'ont dit que les médecins étaient rentrés et que je devais attendre le lendemain. Il faisait nuit et j'ai passé ma soirée dans la salle d'attente avec le vigile. Je délirais avec lui, je lui disais que j'allais faire péter Israël en y envoyant une armée, parce que j'étais Jésus et que Juda m'avait trahi. Je voulais que le monde pète. Je voulais user dans mon délire de mon pouvoir et en faire abus. Le vigile me disait de rester calme et de m'asseoir, ce que je fis puis je m'endormis sur les sièges de la salle d'attente.

Le lendemain, j'avais dans l'optique de voir le médecin pour mon œil. Il y avait une file d'attente et on me dit d'attendre. J'en ai eu marre et je suis parti.

Je me suis barré et je suis allé dans la cité à proximité. J'ai demandé à des dealers s'ils pouvaient me faire fumer gratuitement. Ils m'ont dit que non alors, je me suis éloigné d'eux et de mon blouson. J'ai fait mine de sortir un flingue ; ils se sont mis à courir, ce qui augmenta mon délire bien sûr.

Ensuite certains me cherchaient mais tout en me cachant, je partis à pied pour l'université. Tout le monde avait cours à cette heure-là et je vis le chef de département, et les profs qui restèrent bêtes de me voir dans un tel état avec l'œil explosé. Je délirais avec mes profs, je racontais n'importe quoi ou pas, je ne me souviens plus ; en tout cas, on avait de longues discussions. Ils me conduisirent au bureau du chef de dép Marc, très gentil, et là, je voulais parler seul à seul avec lui. J'ordonnais alors d'un ton agressif à tout le monde de se casser de là, ce qu'ils firent. Et je parlais avec le chef de département. Puis l'infirmière arriva, ils contactèrent les pompiers et je finis encore une fois de plus à l'hôpital Sainte-Musse.

Les urgences étaient saturées et personne ne s'occupait de moi. Ainsi, je suis reparti vers l'université en bus cette fois-ci ; Quand je suis arrivé, ils étaient tous étonnés de me revoir, rappelèrent les pompiers en leur disant que cette fois-ci, ils devaient s'occuper de moi en priorité. Je suis alors retourné à l'hôpital et le personnel des urgences cette fois, m'a placé dans une chambre sur un lit attaché aux quatre membres comme d'habitude. Ils me laissèrent ainsi conscient, donc je me mis à gueuler. Parfois dans ces moments-là, j'arrivais à détacher un bras, une jambe, mais jamais, je n'arrivais à m'enfuir, alors je gueulais jusqu'à ce qu'une infirmière vienne une ou deux heures après m'injecter la dose qui me faisait partir pour la psychiatrie.

Je me réveillais encore perfusé comme de coutume mais cette fois, les médecins aspiraient à me soigner pour de bon. Je suis resté enfermé cinq mois. Ils voulaient s'assurer que je redescende bien et vraiment. Ils voulaient me sauver. Au bout de quatre mois, j'étais épuisé, j'en avais marre, je commençais à bien redescendre. Ils m'ont cependant fait attendre un mois supplémentaire avant de me faire sortir et je suis sorti en août 2016.

À la suite, je suis parti avec mon père et mes deux frangins, Elie et Maxime, en road-trip Espagne. On avait fait le tour jusqu'à descendre à Cadix et Gibraltar et je décidais de ne plus jamais toucher à la drogue. Je n'ai donc plus jamais fumé d'herbe depuis ce moment-là, ce que j'ai fait. J'avais 22 ans.

Chapitre 7:
La crise égyptienne

J'abandonnai l'idée de continuer mon DUT GEII. Pendant un an, de 2016 à 2017, je n'avais plus rien à faire, je devais m'occuper. J'ai donc trouvé une mission de service civique qui concernait l'accompagnement de patients dans le cadre d'une hospitalisation. Il s'agissait de s'occuper de patients polyhandicapés. J'ai eu un entretien d'embauche, ils étaient à peu près sept à postuler. Je fis mon entretien avec le directeur de l'établissement en visioconférence et j'expliquais mes motivations. Il semblait satisfait et j'avais vu juste.

Quelque temps après, j'étais engagé pour une mission de sept mois que j'ai réalisée avec succès. Tout le monde était satisfait de moi. Je me réservais un mois de congé du contrat civique à faire la saison d'été de deux mois en Savoie comme technicien de surface et d'homme de plonge dans un village vacances à Lanslevillard. C'est une station de ski perchée à une moyenne de 2500 mètres d'altitude en Haute Maurienne, de cinq cents habitants. La Maurienne, pays du célèbre coutelier Joseph Opinel.

J'étais hébergé pendant tout l'été. C'était plutôt cool. Tellement, que pour ne pas me sentir sous les contraintes de la maladie, je décidais d'arrêter mes cachets. Je dis à ma grand-mère que comme je ne fume plus, le fait d'arrêter les cachets ne poserait pas de problème. J'étais convaincu que c'était seulement le cannabis qui était le cadet de mes soucis. Ma saison se terminait que déjà en septembre 2017, je devais entrer en BTS (brevet de technicien supérieur) d'informatique et science du numérique au lycée Thomas Edison à Lorgues. Je n'étais pas du tout délirant et j'étais fier de moi, fier d'avoir pu travailler pendant huit mois sans crise et fier de reprendre les cours. J'étais donc en internat et la majorité de mon trimestre se passa à merveille, j'avais toujours les meilleures notes ; c'était cool.

Aux vacances de la Toussaint, je suis retourné chez mes grands-parents et je me suis mis à écrire sur internet comme j'avais l'habitude de le faire. Je le fis jusqu'à en perdre le sommeil, l'appétit et je commençais à délirer encore, par paliers toujours. J'étais Osiris ou plutôt tous les dieux égyptiens. Le jour de mon anniversaire, j'étais invité par mes grands-parents à manger dans la salle des fêtes, la salle Honoré Daumier à Carnoules. Je suis parti avant la fin, tout excité et j'ai encastré ma voiture dans un bloc de béton. Tout le côté passager était en ruine et j'avais lourdement tapé ma tête contre le volant, me fissurant l'arcade sourcilière.

Ces événements me firent retourner dans le délire, comme si vu le chaos que j'avais engendré, je devais trouver une solution et la solution était la fuite, plonger dans mes rêves, ce que je fis. Mon père me retrouva et quand il me vit, il appela aussitôt les pompiers qui m'emmenèrent aux urgences. Mon père était avec moi à l'hôpital et à mon arrivée, je vis un infirmier à l'accueil jouant avec son portable. Je m'approchais de lui en éclatant l'ordinateur du bureau d'accueil avec mon poing en gueulant « Bosse sale rat ! ». J'étais fou. Après ça, ils m'attachèrent sur un lit, je draguais les infirmières, convaincu que j'étais Osiris.

Je voyais dans chaque papier de résultats sanguins, des hiéroglyphes, mon cerveau était à fond et le rêve s'entremêlait au réel. Bref, après cet épisode, je finis pour la 6ème fois en stage en psychiatrie. Pendant ce séjour, j'ai rencontré le second grand amour de ma vie : Rachel, une hyéroise plus jeune que moi de trois ans, une très belle blonde aux yeux marron et une fille vraiment intelligente. Elle était très féminine et paraissait si fragile ; elle avait tout pour me plaire. Quand je l'ai vue, je suis immédiatement tombé amoureux fou. Même si elle était un peu parano et entendait des voix, elle était si douce et gentille. Puis je lui avais tapé dans l'œil, je l'avais prise par les hanches aux palmiers 2, un autre pavillon que celui dans lequel je vais habituellement (l'Odyssée) de l'hôpital de Pierrefeu (Henri Guérin).

À ma sortie en février 2018, on s'est mis en couple et pendant sept mois, j'ai vécu l'amour avec elle dans l'appartement de mon père à Pontcarral. J'ai donc vécu le bonheur avec elle là-bas et je garderai toujours de merveilleux souvenirs de notre histoire.

Chapitre 8 :
Le dénouement : Fin de Partie 1

Une fois sorti de l'HP, comme énoncé précédemment, j'ai vécu avec Rachel dans mon appartement (enfin celui de mon père) à Toulon et je faisais attention de prendre tous mes cachets tous les soirs.

J'aimais Rachel et je voulais qu'elle s'en sorte, je lui ai fait arrêter ses drogues, même la cigarette, je voulais, en attendant qu'on se refasse une santé, en profiter pour discuter de l'avenir et je lui ai conseillé de reprendre ses études et de passer son bac. Je l'emmenais à tous ses rendez-vous, j'avais endossé le rôle de père qu'elle n'avait pas eu, mais ça ne me dérangeait pas tant que ça finalement. J'ai tout fait pour elle, et ce, jusqu'à la période de rentrée scolaire.

Je m'étais inscrit en GEA (Gestion d'entreprise et d'administration) à la Garde, une autre formation préparant aussi à un DUT. Elle s'est inscrite pour passer son bac au lycée Bonaparte à Toulon qui se trouve juste à côté du jardin Alexandre 1er (un autre signe susceptible de caresser mon délire dans le sens du poil). Un jour, en début d'année scolaire, en rentrant à l'appart, j'ai senti l'odeur d'herbe. J'avais compris qu'elle fumait, alors j'étais furieux, car je préparais un avenir radieux et elle, elle gâchait tout pour profiter, comme ils disent tous, de la jeunesse.

Nous nous sommes séparés et aujourd'hui, j'ai réussi mon semestre GEA haut la main et le lithium que j'ingère me maintient dans un état convenable depuis maintenant plus d'un an, un record pour ma part. Même si ma séparation avec Rachel m'a de façon certaine anéanti. D'ailleurs, je pense que le fait d'avoir le moral à zéro, contribue à ma réussite scolaire, car il est plus difficile de décoller quand on est dans le spleen.

J'ai néanmoins la grande sensation d'avoir été super imbécile pour avoir écouté si tardivement les médecins, mais à présent, je le fais. Ils me stabilisent à merveille, mon cerveau ne s'emballe plus, j'ai cependant toujours de grands hauts et de grands bas, mais qui ne sont pas poussés à l'extrême. La souffrance, cette brèche qui nous habite tous plus ou moins de manière importante, ne se guérit malheureusement pas, sinon je ne serai plus du tout vulnérable aux variations de l'humeur dont je suis atteint.

Chapitre 9:
La conquête du pouvoir

Voilà que mon deuxième semestre se déroule, le moral repart à la hausse, je réussis sans trop de difficultés, j'adore étudier et j'adore cette formation. En parallèle des cours, je rencontre beaucoup de filles, j'envisage l'avenir avec certaines mais ça tombe à l'eau, car j'ai différentes attentes qu'elles, ce ne sont pas les bonnes.

Arrivé au terme du semestre, je suis classé 7ème de cette promo d'une centaine d'élèves, je réalise mon stage dans un cabinet d'expertise comptable et tout se passe encore à merveille. Mon supérieur est vraiment satisfait et m'étale même, les opportunités qu'il a à m'offrir pour mon avenir. Absolument, tout est parfait, mais au terme du stage, je me suis retrouvé brusquement sans activité pendant les vacances d'été 2019, et là c'était porte ouverte à la liberté de penser, à la fougue intellectuelle et l'imagination qui m'anime depuis toujours.

J'ai commencé progressivement à cultiver mes idées hors norme et ma mégalomanie « divine ».

La dernière semaine des vacances, j'ai décidé de réduire ma prise de médocs à une fois tous les deux jours, puisque je   pensais pouvoir le faire sans conséquences. Mes pensées de persécution face aux cachets avaient refait surface. Je me sentais éteint, camisolé, j'en avais assez, je voulais être heureux, plein de vie, je voulais libérer la bête et ça n'a pas manqué. J'ai pété ma crise comme je le dis désormais.

J'ai fait ma rentrée en deuxième année de GEA, début septembre. Pour mon premier jour de fac, je m'y suis rendu tout en étant complètement psycho. Je suivais les cours faisant acte de bonne présence, mais mon esprit était entièrement ailleurs. Il s'était réfugié dans le monde des rêves, dans les musiques titrées de mon prénom, notamment une intitulée « Le rêve d'Alexandre » du groupe Smok qui porte le même nom et qui a la même typographie que la marque de mes cigarettes électroniques que je vapote.

Comme j'ai toujours fumé des cigarettes Lucky Strike, j'écoutais aussi en boucle la chanson de Juliette Armanet « Alexandre » où, je la cite : « Alexandre, je donnerais toute ma vie pour une cendre, rien qu'une cendre, de ta Lucky... ». Je faisais le lien avec le surnom de mon père (Lucky).

Aux heures libres, je me prenais en selfie dans l'université de La Garde, avec en arrière-plan les bâtiments universitaires. Le bâtiment A pour Alexandre, le bâtiment B Pour Bertorello et le bâtiment EVE, celui-ci pour ma Déesse (musique de ce moment précis : Asking Alexandria, « EVE »).

Bref, j'avais pris la barque de Noé. En rentrant chez mes grands-parents, même mélodie, perte de sommeil, perte d'appétit. Je m'embrouille avec mon père qui appelle les pompiers. Lorsqu'ils arrivent, je réussis à faire redescendre ma pression interne. Je me transforme en un fin stratège manipulateur ; je ne veux pas que mon père ait raison de mon bonheur de psychotique. Les pompiers me perçoivent comme étant bien, en tout cas. Je travaille pour et ça fonctionne. Ils me proposent quand même de me mettre en observation à l'hôpital, et j'accepte.

J'ai laissé ma fougue en second plan pendant le séjour d'une nuit jusqu'à la consultation du médecin psychiatre le lendemain, lequel me juge tout à fait adapté et me laisse sortir. Mon plan se déroule exactement comme je le souhaite. Je quitte les urgences et je me mets à marcher de l'hôpital d'Hyères jusqu'à la vallée de Sauvebonne à peu près 15 kilomètres, en faisant du stop pieds nus (mes chaussures étaient trop petites) et un automobiliste assez sympathique m'emmène au village de Pierrefeu.

De là, je vais au commissariat. Le chef de la Brigade de la gendarmerie de Pierrefeu que j'apprécie sincèrement, m'accompagne avec d'autres gendarmes pour me faire récupérer mes affaires, et ainsi éviter les embrouilles avec mon père. Encore une fois, je suis dans une grande maîtrise de ma décompensation, à tel point qu'ils ne peuvent pas remarquer l'état dans lequel je suis vraiment. Je camouflais ma crise comme s'il s'agissait d'une question de vie ou de mort. De liberté ou d'hospitalisation...

Une fois que j'avais récupéré l'essentiel dans ma chambre chez mes grands-parents, j'ai sauté dans ma voiture et mon road-trip intersidéral pouvait commencer. Je suis allé à La Capte, à Hyères où habite Rachel en espérant la revoir. En arrivant, je vois une voiture s'arrêter devant moi avec le passager avant et le conducteur sortant de la voiture. Tous les deux ouvrant la portière arrière et tabassant en faisant sortir le passager arrière. Ils m'ont vu et ils sont partis en courant. La victime de ce cinéma, tout naturellement, se mit debout à la place du conducteur et se remit en route avec ce qui s'apparentait à sa voiture. Bref, c'était fou.

À ce moment-là pour ma part, c'était normal. Eh oui, l'avènement de mon Nouvel Ordre Mondial doit se passer de la sorte, avec violence et beaucoup de je-m'en-foutismes de toutes les règles préétablies, il devait s'entamer par une percée d'anarchie.

Je n'ai pas vu Rachel, mais je me suis allongé sur la plage tout en me prenant en selfie, le soir. Je suis retourné à Carnoules, j'ai commandé une pizza et une bouteille de soda, que j'ai consommées dans l'église du village, en demandant en toute bonne volonté la permission du prêtre qui malgré son mécontentement, accepta. J'ai donc dévoré ma pizza en parlant avec un paroissien. J'essayais de le persuader que celui qui était sur la croix avec ses clous, c'était moi. Je lui ai demandé d'appeler le Vatican pour que je rencontre le Pape. Il n'a pas eu foi en moi, moi le vulnérable et pauvre pécheur.

J'ai donc terminé ma pizza, et je suis allé passer la nuit à dormir dans ma voiture à Notre-Dame-des-Anges en espérant retrouver le lien que j'avais eu, cinq ans auparavant, avec la belle et désirée, Camille. Ce lien qui me hante dès que je vois le logo du Crédit Agricole, le C qui embrasse le A, dès que l'on parle de cami(lle)sole ou de kami(camille)kaze...

Bref, je fais ma nuit, je dors bien, même trop bien, une bonne nuit. À peine réveillé que c'était reparti, j'ai foncé en voiture à Toulon. Je squattais les bancs, je bavardais avec les mouettes, j'essayais de les apprivoiser. À un moment, je vois un chien attaché qui aboie et montre les dents, à côté de son maître qui me dit de faire attention à lui. Moi, sans l'écouter, je vais vers le chien sans peur, je le caresse de force et le détache, en disant au maître de le laisser en liberté que sinon il allait le rendre chèvre.

Ensuite, je suis parti au zoo du Faron. Pareil, je parlais aux lions, je voulais entrer dans la cage avec eux, les dompter et me balader en ville avec, le truc normal quoi pour un psycho. Les gardiens ne voulaient pas, alors j'ai regardé les lions en présence des gardiens en disant à ces bestioles que dès qu'ils en auraient l'occasion, de les bouffer. Après, je me suis retrouvé à énerver les chimpanzés à travers le grillage, en essayant de les faire se révolter en leur montrant ce qu'il devait faire pour ruiner le grillage. Même qu'à un moment, il y en a un qui a fait comme moi, il a secoué le grillage en faisant mine de vouloir sortir. J'avais l'impression qu'il avait compris ce que je voulais lui transmettre. J'étais content, j'avais transmis le message et je suis parti.

J'ai repris la voiture, et j'ai eu une illumination. J'ai repensé à la fois, où avec mon ami Fred, un très bon pote du lycée, blond avec beaucoup d'années de boxe au compteur, nous sommes allés contempler le fort de Brégançon depuis les collines qui l'avoisinent. Le délire m'est alors venu : direction la résidence de villégiature, de notre président de la République.

Je gare ma voiture devant le premier portail. Je la laisse en plan, je me prends en selfie à côté du portail et j'avance et je le saute. Je m'introduis progressivement dans la propriété, tout en me prenant en selfie pour montrer à mes « amis » des réseaux mon avancée. J'escalade le second portail et j'arrive sur l'île, la mer était déchaînée. J'accède à la grande grille du fort et je gueule « Macron ! ». Le gardien arrive, étonné de me voir devant la grille d'entrée de cette petite forteresse et avec la peur que je pouvais noter dans ses yeux, il me dit : « il n'est pas là, que voulez-vous ? ». Je lui ai répondu que j'étais Osiris, que je voulais voir Macron pour discuter politique et de l'instauration de mon Nouvel Ordre Mondial. Il m'a dit de partir, je l'ai insulté, sa femme est arrivée et a commencé à s'énerver sur moi.

Une réaction, une erreur, malheureusement pour elle, je les ai insultés de manière assez brutale, elle et son mec. Je leur ai dit que j'allais escalader et foutre le bordel. Ils m'ont cru et sont partis dans la partie présidentielle encore plus protégée du fort. J'ai escaladé la grille comme un assassin (référence : Assassin's Creed, le jeu pour les connaisseurs). J'ai pénétré la première partie du fort, j'étais à l'intérieur et je me suis rendu à la porte d'entrée de la demeure présidentielle. J'ai déversé ma rage sur tout ce que j'ai pu trouver, j'ai fracassé les pots de fleurs en les jetant au sol. J'ai saccagé la Kangoo du gardien à coups de pied, tordant les essuies glaces, pulvérisant les rétroviseurs. Puis je suis redescendu à la loge de ce gardien, j'ai pris la porte vitrée à coups de pied tout en entrant dans sa loge. Je me prenais en selfie.

C'était chez moi dorénavant, peu après, je suis sorti pour me prendre en photo. Je vois alors trois gendarmes armés de flingues en état d'urgence, pendant que moi, je papillonnais avec mon appareil. Ils m'ont mis les menottes, m'ont conduit à la gendarmerie. J'ai fait trente minutes de garde à vue, le temps qu'ils fassent leurs retranscriptions, en mentionnant même mes revendications au chef de l'État. Lesquelles étaient toujours celles de l'instauration de mon Nouvel Ordre Mondial. Je me demande d'ailleurs si cette histoire est arrivée à l'oreille du chef des armées, même si cela m'importe vraiment très peu. Un psychiatre est venu me voir, il m'a demandé comment j'allais, je lui ai répondu « très bien, surtout depuis que les anges sont mes amis et que je domine et soumets les démons ». Il m'a dit qu'il avait compris, il avait essentiellement compris que je devais me faire hospitaliser. Par conséquent, me revoilà à l'HP de Pierrefeu.

Chapitre 10 :
La brève reprise
du cours d'une existence normale

À l'arrivée aux Palmiers 1, les infirmiers riaient de me revoir, enfin plutôt de savoir ce que j'avais fait. Comme d'habitude, ils m'ont bien fait redescendre.

Pour terminer mon hospitalisation d'office, une fois que la bête en moi était redevenue docile, ils m'ont mis dans un pavillon plus libre, comme d'habitude, l'Odyssée. J'ai rencontré cette fille, que je surnomme Lo, de son prénom Loreleï, brune aux cheveux noirs, très belle aussi, d'un an ma cadette et originaire de Toulouse, en vacances à Hyères chez sa cousine. Elle avait décompensé comme moi. La première fois que je l'ai vue, elle était complètement allumée, je suis allé la voir et nous avons échangé notre premier baiser, dont elle ne s'est jamais souvenue. Elle était trop loin dans l'espace malheureusement à ce moment-là.

À tel point que le soir même, ils l'avaient transférée dans le pavillon intensif dans lequel je venais d'atterrir, les Palmiers 1. Quelques jours plus tard, je la vois, je la regarde d'un regard perçant, sans vice et je la prends sous mon aile. Elle était plus calme, redescendue, on s'est mis sur un banc et nous nous sommes embrassés. C"était magnifique. Elle est devenue ma chérie, ma princesse. Je ne la voyais pas longtemps au début, jusqu'à ce qu'elle revienne à l'Odyssée. On a grandement échangé, je la comprenais, on a créé un lien très fort. Si fort que peu après sa sortie en début 2020, on a pris l'avion pour Madrid en Espagne, en amoureux. Tellement amoureux qu'ensuite, elle est venue vivre avec moi, chez mes grands-parents. C'était pratique pour le premier confinement de la pandémie de Covid-19 de 2020.

On créait, on cultivait la terre de mon grand-père, en réalisant un petit potager. On prenait soin de la maison, on était actifs, trop même. Surtout que j'avais demandé à ma psy de me supprimer les neuroleptiques pour tenter d'être stable sans les prendre et surtout à cause des effets indésirables. Cela m'a été fatal...

Chapitre 11:
La Révolution française et la prise de Versailles

L'arrêt des neuroleptiques me faisait réagir de façon irritable, je ne tolérais plus rien, plus la moindre remarque. J'essayais de bien faire les choses de manière perfectionniste et je m'emportais à la moindre critique, j'étais entré en phase d'hypomanie. Mon corps s'épuisait, et mon esprit m'ordonnait de poursuivre mes efforts, ce qui générait de gros conflits avec mes grands-parents qui me stimulaient encore davantage.

À un moment, ça a été le conflit de trop avec ma grand-mère, qui est souvent inquiète et sur mon dos. J'ai fait monter Lo dans la voiture et nous sommes partis. On s'est mis sur le sable à la plage à la Capte, c'était la fin du mois de mai 2020. Il faisait bon, on était bien mais mon père est arrivé et a appelé les pompiers. C'était à jamais perdu, une stimulation de trop qui m'a fait prendre la poudre d'escampette sans mes chaussures avec Lo.

En attendant que les pompiers s'en aillent, nous nous sommes cachés puis avons rejoint la voiture pour aller au point de départ de la révolution, c'est-à-dire à Marseille.

En arrivant dans la ville, en voiture, j'ai pris les voies de Tram pour accéder au vieux port et je me suis retrouvé ensuite sur une voie de bus. Là, les policiers municipaux m'ont abordé, je les ai laissés s'approcher, puis quand ils ont été assez proches et comme je n'avais pas envie de leur parler, j'ai appuyé sur l'accélérateur en réalisant ce qu'ils appellent un refus d'obtempérer. Les motards de la police nationale se sont mis à mes trousses et m'ont fait signe de m'arrêter, chose que j'ai faite, tout en étant visé par leurs flingues.

Ils m'ont maitrisé au sol. Cette fois-là, il y avait une équipe de reporteurs de l'émission « au cœur de l'enquête » sur le thème des rixes et courses poursuites à Marseille qui m'ont interviewé et ont fait apparaitre mon exploit à la télé. Plutôt rigolo ça aussi ! Puis les policiers m'ont emmené au poste, m'ont posé des questions, ont remarqué que j'étais calme. Ils ont appelé ma psychiatre et ils ont fini par me relâcher. J'ai retrouvé ma princesse, Lo, qui m'attendait à l'accueil. Nous sommes partis récupérer la voiture à la fourrière, mais il manquait un papier provenant du commissariat. On a fait marche arrière, on y est retournés, mais il y avait des gens qui attendaient leur tour devant. Par chance, enfin si on peut appeler cela de la chance, il y avait une manifestation des « Black Lives Matter ». Les flics ont donc fermé l'accueil du commissariat et toutes les personnes se sont dispersées.

Moi, dans ma folie, j'avais pris pour cible les manifestants ; une fois qu'ils étaient en face du commissariat. Je leur ai fait des doigts d'honneur et toutes sortes de geste abjects, Lo aussi. C'était mon divertissement de provoquer trois cents personnes. Certains voulaient en découdre en formant des groupes contre moi et moi, je fonçais dans le tas. Ils n'ont pas osé me toucher car j'étais dénué de toutes peurs et je pense que je leur insufflais la peur que je n'avais pas. Ils ont décidé de poursuivre la marche du cortège. Un flic, comme en admiration devant ma provocation, m'a demandé mon prénom, mon nom et ceux de Lo. Puis il nous a fait passer en priorité, pour récupérer le papier pour la voiture. C'était mission accomplie. Dorénavant c'était le passage à l'étape suivante...

Avec Lo, on a récupéré la voiture qui disposait d'un badge de télépéage. On a mis le GPS direction Versailles par l'A7 dans le bolide allemand que j'avais (enfin une Polo de Volkswagen grise). Sur l'autoroute, il y avait une voie condamnée, avec des plots orange. Pour dépasser les voitures, je m'en suis pris un à toute vitesse et il a décroché partiellement le pare-chocs.

Nous sommes arrivés à Versailles dans le département du 78 (me faisant penser à l'altitude de Notre Dame Des Anges de 780 mètres) de quatre-vingt-cinq-mille habitants, avec le pare-chocs qui grattait le sol et faisait un bruit assourdissant. Imaginez : arriver dans la ville du Roi avec une voiture qui fait un gros « Grrr » ! Les policiers n'ont pas tardé à nous la mettre à la fourrière. Comme j'étais arrivé à destination, je ne voulais plus de ma voiture, je voulais la donner à la fourrière et ne plus avoir de problème de cet ordre. Je l'ai donc cédée.

Puisque ça y était, j'y étais, j'étais à Versailles. Mon château était là-devant moi...

Par la suite, dans notre vadrouille avec Lo, on est passé devant le château, mais également devant la cathédrale Saint-Louis de Versailles, et le délire m'est venu. On allait y faire nos rituels, dans ma maison, la maison de Dieu. Je suis entré avec Lo dans la cathédrale et on a réquisitionné le lieu saint de l'autel. De là, je l'ai invitée à s'asseoir sur ce que j'appelle le trône en or de l'autel. Chose qu'elle a faite. Puis une première paroissienne me défendit de rester, alors je lui dis d'une voix diabolique « Toi casse-toi de chez moi ! » Elle a eu peur et est partie prier, avec moi, la suivant calmement. Elle s'est mise à genoux et a prié face au Christ. En passant derrière elle, pendant ses prières, je lui ai dit de continuer, que c'était très bien, et puis j'ai rejoint Lo derrière l'autel, face au public de touristes et visiteurs.

Une autre paroissienne vint m'interdire une nouvelle fois d'être là où j'étais. J'ai eu la même réplique que pour la première sur le même ton, mais elle, au lieu d'aller prier, est partie me dénoncer à sa collègue.

Je l'ai suivi jusqu'aux salles administratives, d'un pas lent mais diabolique. Elle s'est mise à courir et, en criant, elle s'est réfugiée dans une pièce, en franchissant la porte semi-vitrée de celle-ci. Je n'avais aucune intention de lui faire du mal, je voulais juste la traumatiser pour qu'elle nous laisse tranquilles. J'ai donc envoyé un coup de poing dans la vitre de cette porte, avec mon bras droit qui s'est retrouvé ouvert au niveau du biceps brachial, lui-même coupé en deux. Je retire mon bras et en voyant le résultat, la première idée qui m'est alors venue a été de repeindre la cathédrale avec mon sang.

J'ai donc rejoint l'autel recouvert d'un drap blanc, en pompant le sang qui sortait de ma plaie à l'aide de ma main droite. J'ai alors dessiné un cercle rouge de mon sang, autour de l'autel, sur ce fameux drap. Pour finir, sur ce que j'appelle le trône en marbre incurvé situé à la droite du trône doré, j'ai positionné mon bras pour que mon sang coule en filet de ce siège marbré jusqu'au sol, puis je me suis allongé au parterre et les pompiers sont arrivés.

À l'arrivée à l'hôpital, j'étais surveillé par un roulement de deux policiers, jusqu'au moment où les soignants m'ont shooté et par la suite opéré du bras. Mon premier souvenir a été vingt et un jours plus tard, jour où ils m'ont fait sortir de ma chambre d'isolement, à l'hôpital Charcot de la ville de Plaisir. Ces vingt-et-un jours précédant ce moment, ne font pas partie de ma mémoire.

À ma sortie, j'ai remarqué que ma chambre d'isolement se trouvait en haut d'un escalier qui énonçait « escalier vers Isis » qui n'est d'autre que la femme d'Osiris dans la mythologie égyptienne. Là encore donc, cela me confortait dans mon délire.

Chapitre 12 :
Dénouement: Fin de partie 2

Me voilà sorti d'isolement, à l'Hôpital psychiatrique de Plaisir, ville de trente-mille habitants dans le 78 aussi, donc non loin de Versailles. J'étais vraiment dosé en médocs. À cause du Valium[8], je n'arrivais même pas à lire le texte de mon téléphone portable. Je naviguais dans le flou, je m'apercevais de ce que j'avais perdu : la voiture, ça ce n'était pas si grave, cependant et malheureusement pour Lo et moi, cet épisode a sonné la fin de notre histoire, puisqu'ils ne nous ont pas laissé nous voir et qu'elle m'en voulait. Quand je suis en crise, je peux vraiment devenir mauvais. Ça me détruit encore aujourd'hui de l'avoir été avec elle.

Toute cette colère et l'énergie qui s'en dégage, qui est enfouie en moi, me surprendra toujours, moi qui suis de nature calme, gentil, assez réservé et en général introverti. J'aimerais croire que cette blessure cicatrisera un jour, mais franchement, j'ai peu d'espoir que ça se produise.

---

[8] Valium : un médicament de la famille des benzodiazépines qui possède des propriétés anxiolytiques, sédatives, amnésiantes et hypnotiques.

J'ai néanmoins, pour poursuivre mes objectifs, le devoir de m'exorciser de cette colère, mais à défaut d'avoir trouvé la solution, je dois apprendre à cohabiter avec. Je sais que cette brèche sera en moi pour longtemps, prête à s'ouvrir pour faire émerger les ténèbres qui se sont déposées au fil du temps au fond de mes entrailles.

Aujourd'hui, j'ai 26 ans et depuis ma sortie fin 2020, le corps médical a compris qu'il était plus que nécessaire que je dispose d'un suivi plus approfondi.

Je pratique donc la pleine présence (méditation) en groupe qui mène au lâcher prise pour ainsi accueillir les évènements simplement comme ils sont. Sans être constamment dans la recherche de leur contrôle, on ne peut inévitablement pas agir pour l'avenir ou le passé. Grâce à ces séances, on apprend à être présent à l'instant, à déserter la sphère mentale et développer l'esprit du débutant, celui qu'on a tous traversé pendant l'enfance ; cet émerveillement devant chaque chose, même les plus futiles ou désagréables.

Je réalise aussi avec Céline, mon infirmière du centre médico-psychologique, un lourd travail de psychothérapie qui me permet vraiment de mettre des mots sur mes maux, de désamorcer cette bombe en moi. D'apprendre des techniques de communication, pour étouffer un conflit, notamment par l'arrêt de l'utilisation d'un tutoiement accusateur face à une personne avec laquelle on s'énerve. C'est un moyen, très enrichissant, d'avoir les outils permettant d'atteindre une certaine sagesse.

Je participe aussi à des sessions de thérapie interpersonnelle avec aménagement des rythmes sociaux

(TIPARS). Il s'agit de groupes de parole où l'on partage nos expériences en les mettant en lien avec la théorie que les soignants nous transmettent. Cela m'aide à faire un grand travail d'introspection, et de comprendre, le mieux possible, les origines de mes phases maniaques.

Bref, je n'essaierai plus de jouer avec les médocs car même s'ils ne font qu'espacer les crises, ils forment une véritable barrière, même si elle n'est efficace qu'au tiers, face aux décompensations. Je croise les doigts, en espérant que ces phases de folie furieuse cessent, surtout si je veux mener à terme mes projets...

Sinon à part tout ça, je suis heureux d'un rien, je reste émerveillé de tout, même du désagréable. J'ai grandement appris de ces expériences, même si pour vous, elles paraissent vides d'intérêt. Pour ma part, c'est tout le contraire : grâce à elles, j'ai pu voir ce qu'il y a tout au fond de moi, mon vrai visage, celui qui est dévêtu de tous masques sociaux. J'ai pu apprendre la notion de liberté, oui, celle qui nous appartient lorsque l'on sort de l'inhibition sociétale.

Se retrouver dans la liberté d'être vraiment ce que l'on est face aux autres, sans aucune barrière mentale propre à nous, nous l'interdisant. Je trouve qu'il n'y a pas plus enrichissant.

J'ai touché mes rêves ; les miens, pas ceux que la majorité convoite. J'ai appréhendé la théorie de l'absurde d'Albert Camus, oui moi qui ai envisagé et qui me suis imprégné, dans mes délires, de l'idée que je disposais de la vie éternelle.

J'ai visité plusieurs fois les enfers, et j'en ressors toujours indemne, ce qui forge en moi une personnalité et une identité de fer. Je me suis réellement endurci et grâce à ça je sais que même si le pire m'arrivait. Je m'en sortirais éternellement et, à chaque fois, toujours plus grand ! (Comme Alexandre, pas moi mais l'empereur).

La liste est trop longue pour énumérer toutes les leçons que j'ai pu tirer de ces événements, de débordements et décompensations. Mais la plupart d'entre vous n'en retiendront que le tableau noir, sombre et inquiétant d'une personne avec des troubles bipolaires, en crise.

J'espère de tout cœur que vous voyez différemment par ce livre, ce trouble qui, pour beaucoup d'entre vous reste classé dans le domaine du tabou. Il est important que les « malades » libèrent leur parole, qu'ils gagnent à être fiers d'avoir cette vulnérabilité, propice aux créations et aux activités en tout genre. Cette fragilité nous permettant de transcender nos propres limites humaines.

C'est une aubaine pour nous de détenir cette énergie, c'est une véritable sensation d'illumination et en même temps un sacrifice de son existence normale béante. Chaque décompensation est un décrochage, un simple décrochage de tout ce qui nous entoure. L'hôpital nous permet de revenir parmi le commun des mortels. C'est d'ailleurs vraiment une chance pour nous de disposer de telles infrastructures.

Surtout, retenez bien de vous ouvrir avec un brin de naïveté au monde dans lequel vous vivez, sans faire de délibérations sauvages dénuées de toutes connaissances et de l'histoire d'un sujet, peu importe lequel.

Le simple fait de se comporter de la sorte, vous permettra d'ouvrir vos yeux et de trouver de véritables trésors là où vous ne vous attendiez pas, tout en gagnant et pour longtemps des étoiles dans vos yeux.

Chapitre 13 :
La crise Apocalyptique

Voilà 2021 qui s'annonce, les restrictions liées au COVID-19 s'allègent, le cannabidiol[9] ou CBD pour les connaisseurs se légalise et les boutiques de cette substance fleurissent partout en France. Je me renseigne énormément sur le sujet et les informations que je collecte me font miroiter que c'est une bonne chose pour les personnes souffrant de troubles bipolaires de type 1, car cela leur permet même de réduire considérablement leurs crises.

Alors tout en excès, je me mets à en fumer, espérant qu'il y ait un effet positif sur ma personne. Pour la psychiatrie, c'est tout le contraire, pour eux le CBD a un effet négatif, mais bon, à cet instant, je me dis de les laisser interpréter ce qu'ils veulent au même titre que j'ai le droit d'interpréter ce que je veux. Je compte m'inscrire en médecine à la faculté de Nice mais avec la réforme PASS anciennement la PACES et LAS la licence à accès santé, je n'ai plus le droit de redoubler en PASS et je dois obligatoirement faire le vœu sur parcours sup pour une licence à accès santé.

---

[9] Cannabidiol : cannabinoïde qu'on retrouve dans le cannabis

Ce que je fais donc en choisissant une licence qui me correspond le mieux, c'est-à-dire la licence **MIASHS** (licence de mathématiques et informatique appliquées aux sciences humaines). Mais bien sûr qu'avec mon parcours étudiant, bien chaotique à l'approche des résultats de sélection, je suis très mal classé pour le parcours santé. Alors je postule pour la licence seule sans l'accès santé dans laquelle je suis accepté.

En l'attente de septembre, donc de la rentrée scolaire, je cherche un studio pour me loger pour mes études et j'en trouve un de 17 m2 à la Trinité à côté de Nice dans un cadre idéal pour un étudiant comme moi. Alors, je m'empresse de devenir le locataire et de signer le bail.

En attendant la rentrée scolaire, je passe mon temps à m'occuper de mes perruches, à travailler ce livre et en été je récupère un bébé pie dans un nid que je surnomme Perséphone que j'apprivoise et qui me comble de la seule véritable amitié qu'il pouvait exister, celle entre un animal et son « maître ».

Mon jeu avait repris son cours, j'allais donc partir à la Trinité qui dans le christianisme représente le Dieu unique : le père, le fils et le saint Esprit. Bref, s'était reparti pour un shoot de mythologie ou théologie, appelez ça comme vous le désirez ! Toutes mes croyances étaient revenues à la charge, mais cette fois-ci, c'était devenu du sérieux, j'ouvrais enfin et une bonne fois pour toutes, les yeux sur tout ce qui m'entourait : pour certaines personnes spirituelles, mon troisième œil ou glande pinéale s'était ouverte, j'étais illuminé.

Tous les mots contenant AL représentaient le préfixe AL d'Alexandre et le préfixe de Bertorello, « Bert » quand on les associait, cela donnait ALBERT, comme le prince Albert, ou bien Albert Einstein, pionnier de la théorie de la relativité générALE (ALExandre), Camus pionnier de la théorie de l'ABsurde (avec AB, les initiales de mon prénom et de mon nom) ou Albert Pike qui lui dirigea pendant trente-deux ans l'une des plus importantes composantes de la franc-maçonnerie des États-Unis : le Suprême Conseil de la juridiction sud du Rite écossais ancien et accepté.

D'ailleurs, les 300 ans d'anniversaire de la Franc-Maçonnerie se sont déroulés en 2017 au RoyAL ALBERT Hall à Londres. Les symboles maçonniques représentaient mon nom, mon NOM (mon Nouvel Ordre Mondial). Le compas pour A, l'équerre pour L et le G. Bref cela donne ALG, Alexandre Le Grand, mais je préfère dire Alexandre Le Géant, vu que le grand est mort au combat.

De plus, je suis issu d'une famille de vrais maçons (sans le mot Franc). Aussi, j'aime penser que mon grand-père est le meilleur maçon de la planète vu tout ce qu'il sait faire et l'empire qu'il a bâti.

Ensuite, j'avais fait une fixette sur ma date de naissance, le 29 octobre (10) 1994, quand on demande : « quoi de neuf ? », je m'étais rendu compte que l'on disait : « quoi 2 9 ? ». Après le numéro 10 (octobre) au foot a été porté par certains des plus grands joueurs de l'histoire du foot.

Enfin traitons du plus important, le 94 : lorsqu'on additionne 9+4 on obtient 13, c'est donc le plus grand nombre de la mort de 0 et 100 (scorpion, Hadès le dieu des morts[10]) comme nombre de 0 à 100 représentants le nombre de la « faucheuse » ainsi le 13. MARSeille (Mars qui est une planète qui gouverne le signe du Scorpion avec Pluton). Son numéro de département (les Bouches-du-Rhône) est le 13, puis il y a 49, 58, 67, 76, 85 et 94. Je vous laisse faire le calcul. Enfin, le numéro des téléphones fixes du Var (83) commence par 0494, toujours un signe de plus.

Pour en revenir à la religion ALLAH en arabe s'écrit الله. Moi j'y vois un serpent de la Genèse chrétienne, avec une faux, la faux de la faucheuse. Enfin, j'ai un assez bon rapport avec la mort comparé à la plupart des personnes. Les morts me poussent et font ma force et comme ils ne reviennent pas c'est que la plupart sont bien là où ils se trouvent.

En ouvrant les yeux, je suis devenu le Grand Architecte De l'Univers, le GADLU. Pour les connaisseurs, le grand œil qui voit tout, ce qui n'est pas erroné vu que j'observe tout et surtout toutes les créations d'autrui.

Dans les films, par exemple « scarface », celui qui tue le personnage principal du film Tony Montana, joué par AL Paccino, est un puissant mafieux qui s'appelle bizarrement Alejandro Sosa.

Dans « Into the wild » Christopher McCandless, 22 ans, un brillant étudiant, quitte tout pour vivre en autarcie dans la forêt et se fait surnommer « Alexander Super tramp »

---

[10] Voir le chapitre 4

qui en anglais veut dire Alexandre Super clochard. Je ne vais pas énumérer tous les films, les personnages, ou bien les musiques, raps qui me font dans mes délires, référence. Je vous laisse effectuer vos recherches si cela vous intéresse sur le Scorpion empereur ascendant vierge Marie que je suis. Si vous préférez, j'ai un contrôle totAL sur le monde dans sa globalité. Je suis aussi le petit produit des multinationales venu mettre l'ordre sur Terre, bien sûr par le Chaos. Ordo Ab Chaos (L'ordre né du Chaos).

On continue ? Je suis comme orAL-B, tout-en-un, je suis Horus, fils de mon père Osiris et de ma mère Isis. Mon Œil droit représente le soleil, mon Œil gauche la Lune et mon corps l'Univers. Je suis en bref le Dieu unique des monothéistes et le Dieu des dieux des polythéistes. Au moins c'est clair et mon objectif n'est pas de rester sur cette petite planète bleue bien trop petite à mon goût.

Bref, j'ai continué à écrire donc à étaler mon pouvoir psychologique sur le monde pendant tout l'été avec Persée (Perséphone) sans dormir des nuits entières totalement insomniaque, je mettais ma musique sur mon enceinte, j'avais réatteint l'illumination, et ainsi mon agressivité était revenue en force.

Mon grand-père, cheveux blanc et yeux vert comme les miens qui aime avoir le contrôle sur son environnement, bref, un truc de scorpion quoi, m'avait ordonné de baisser la musique sur mon enceinte. Malheureusement, on ne donne pas d'ordre à un illuminé si l'on ne veut pas qu'il s'offense et devienne agressif, toujours verbalement parlant bien sûr. Alors, j'ai insulté mes grands-parents, ce que je regretterai toujours bien entendu comme quand cela arrive avec mon père. Cependant, pour moi c'était pour dominer, c'était pour une cause sainte et juste la fraternité, l'égalité et enfin la liberté et non pas liberté d'abord.

Le lendemain, ils ont appelé les pompiers, qui sont venus me récupérer et m'amener à l'hôpital que je connais maintenant très bien d'Hyères. J'ai attendu en parlant avec des jeunes un rendez-vous avec une psychiatre qui n'est jamais arrivée. J'ai alors consulté une infirmière qui m'a trouvé complètement adapté à la vie en société. Bien évidemment, tout ça dans leur ALgorithme de formatage scolaire, elle m'a alors laissé repartir et mon grand-père qui avait compris désormais ma pathologie ou théologie (pour ma part) et qui ne m'en voulait pas est venu me récupérer en plein centre-ville.

Dans la voiture, je lui ai beaucoup parlé de mon plan et tout ce que je lui disais pour moi, il le buvait comme de l'eau bénite. Ensuite, je suis retourné chez eux et le Hollywood avait repris. Je me suis encore embrouillé avec eux mais « grâce » à mon oncle Lionel, adjoint au maire de Carnoules, brun aux yeux noirs, dix ans plus jeune que son frère, mon père, lorsque la gendarmerie est arrivée . Il leur a affirmé que j'avais de grosses bouffées délirantes, et donc j'ai pu finir à Pierrefeu encore une fois, aux Palmiers 1, puis rapidement à l'Odyssée.

Je m'étais rendu compte que j'étais « Simba » du Disney « Le Roi Lion », mon père « Mouffassa » né le 18 août 1969 du signe astrologique lion, 69 de son année de naissance, comme le département de Lyon et mon oncle est né 10 ans après le 5 août 1979 du signe astrologique lion aussi, donc je vous laisse deviner qui il représente

« Scar » même s'il reste mon tonton préféré. Surtout qu'il a presque réalisé la majorité de mon éducation scolaire.

En psychiatrie, à l'odyssée, tout en pleine illumination, j'ai rencontré Marine, ma magnifique déesse du signe Poisson, ma belle sirène qui rencontre la bête, en l'occurrence, moi dans les abysses (l'Odyssée). Je vous invite à écouter « Marine » de Claire Gimatt, chanson sur laquelle je délirais avec elle. À vrai dire, Marine me fait fondre de ses yeux, de sa beauté, de son intelligence et notamment de sa douceur. Elle est libanaise, châtain aux yeux marron. C'était sa première hospitalisation et bien entendu, elle était terrifiée. Je lui ai donc parlé même si je lui faisais peur avec mes grands yeux de shooté au Loxapac[11]. J'ai alors mis mes Ray ban et je lui ai filé mon livre (la 2e édition) qu'elle a lu dans la soirée et le lendemain son regard sur moi avait complètement changé, je pense que mon livre lui avait ouvert les yeux sur ma pathologie. Puis, elle et moi sommes tombés éperdument amoureux, j'ai donc comme d'hab entamé une nouvelle relation amoureuse avec elle. Ensuite, elle est sortie et venait me voir souvent. Puis ce fut à mon tour de sortir après avoir passé mes permissions chez elle.

À ma sortie, j'allais fréquemment chez elle, c'était l'automne. Je logeais toujours chez mes grands-parents et je restais en contact avec Marine, je me rappelle qu'une nuit (vu que je passais mes nuits à contempler le ciel, surtout la constellation d'Orion), il y avait des myriades

---

[11] Loxapac : un antipsychotique, chef de file de la famille des dibenzo-oxazépines.

d'étoiles filantes qui ont traversé le ciel. Je pensais qu'il s'agissait d'anges qui venaient me rejoindre sur Terre !

Je me disais que ce n'était pas la peine pour eux de chuter et que tout était déjà sous contrôle, que j'avais déjà réalisé un coup d'État sur le système solaire.

Il me restait plus que cette planète insignifiante, bleue qu'est la Terre.

À ce moment précis, j'étais persécuté par le monde entier et je me devais de persécuter le monde et c'est ce que j'ai réalisé au fil de mes phases maniaques jusqu'à aujourd'hui.

Chapitre 14 :
La rancune de l'offense

Voilà le 15 décembre qui s'annonce et un repas chez mes grands-parents est organisé. Tout se passe à merveille jusqu'à ce que mon père, le lion, me cherche ou me « morde » si vous préférez. Il me blesse là où ma plaie ne s'est jamais refermée. Tout d'abord, il dit dans mon dos qu'il préfère mon frère Elie à moi, bon cela ne me dérange pas, bien au contraire Elie mon frère de signe Taureau né le 29 avril 2000 futur Roi d'Espagne dans mon trip, a toujours été mon très grand protégé. Puis il me traitait de sale Arabe, et là ça a commencé à me gonfler. J'avais menacé sur Facebook les prêtres blasphémateurs qui se font appeler « mon père » vu que le saint père, l'unique Dieu, c'est moi.

Avec une photo de mon couteau de chasse en main, mon père Jean-Luc s'est empressé de le balancer à ma grand-mère. Je m'en excuse auprès de ma paix intérieure, mais j'ai vu rouge sang. J'ai pris mon couteau de chasse et comme le ferait un terroriste d'AL Qaïda ou D'Isis de l'état Islamique, je l'ai poursuivi avec. Bon, on va dire que c'était le revers de la médaille puisque lui aussi me l'avait fait à Pontcarral (voir chapitres précédents), mais lui a appelé police, pompier, ambulance, bref, le bleu, le blanc, le rouge, ces trois couleurs associés à chacune de ces professions.

Comme à mon habitude, je me suis échappé et puis mon grand-père m'a planqué, j'ai adoré avoir pour la première fois un lien si fort avec lui. J'étais donc recherché par la gendarmerie qui voulait mettre ma photo dans les médias, par la suite je me suis barré avec ma polo à mon quartier général Notre-Dame-Des-Anges.

J'ai appelé Marine avec qui j'étais séparé qui m'a invité chez elle. Le lendemain, on devait ramener le chat de sa mère dans le vieux Hyères, ce qu'on a fait. Après on a atterri dans un embouteillage. Il y avait un camion qui livrait deux-trois cartons dans un appartement. Derrière ce camion il y avait une femme dans sa voiture et derrière un homme en colère qui klaxonnait en faisait des gestes obscènes à la femme qui essayait de le calmer.

J'ai vu rouge sang, je suis sorti de ma Polo, j'ai explosé son rétroviseur, ouvert sa portière, je l'ai pris par le col, je l'ai « guingassé » en l'insultant et je suis retourné dans ma voiture en espérant qu'il se « casse ». Ce gros « bâtard » a fermé toutes ses portières et ses fenêtres pour appeler la police et est resté planté là. J'ai encore vrillé, je suis ressorti, sa vitre arrière était entrouverte et avec ma main droite, je l'ai brisée en mille morceaux et je l'ai repris par le col, il était au téléphone avec les flics en pleurant en disant « venez vite, je suis avec un vrai fou, il va me tuer ! ».

Marine m'a récupéré en pleurant, m'a calmé, m'a ramené dans ma voiture pour me faire faire une marche arrière, ce que j'ai fait et l'autre a fait de même pour que je ne fugue pas. Alors, j'ai réavancé et il a cru avoir gagné la partie. Je me suis arrêté derrière lui, fait une violente marche arrière. J'ai alors foncé dans son pare-chocs arrière quatre fois violemment jusqu'à ce qu'il se barre, ce qu'il a fait. Ma voiture était morte, le moteur avait énormément chauffé, alors je l'ai laissée plantée en plein vieux Hyères et on a pris un taxi Uber direction chez Marine à la Garde.

Elle est partie faire des courses, le commissariat de la Garde l'a convoquée pour savoir si elle était en danger, ce qu'elle a réfuté. Elle disait que j'étais chez elle en train de regarder Malcolm, ce que je faisais. Tout en lui proposant d'envoyer une équipe pour venir me récupérer, question de sécurité, ce qu'elle a refusé.

Enfin, le commissariat d'Hyères m'a contacté et m'a proposé de venir le soir même au risque de dormir en garde à vue toute la nuit ou alors d'attendre le lendemain matin pour la retranscription. J'ai choisi la seconde option et à l'aube, je me suis rendu avec Marine au comico. J'ai passé deux heures à raconter « l'événement » sans aucun mensonge car le mensonge est le premier péché de la Genèse. Aussi, le péché le plus répandu sur Terre. Par conséquent quand on veut la Clémence de Dieu, on ne ment pas, j'espère qu'un jour, vous le comprendrez. Enfin, je suis resté en garde à vue Jusqu'à 15 heures en attendant l'expert psychiatre à qui j'ai raconté mes croyances et m'a jugé irresponsable et puis j'ai fini cette fois-ci directement à l'odyssée. Les flics me disaient tous au revoir malgré le fait qu'ils m'envoyaient en psychiatrie ; ils avaient compris mes valeurs de fraternité trop chère à mes yeux.

J'y suis resté sept mois tout en « contrôlant » le monde depuis mon smartphone. J'ai même, dans mon trip délirant proposé à Poutine de rejoindre la gouvernance Mondiale du Nouvel Ordre Mondial, ce qu'il a refusé, donc j'ai avancé mes pions, l'OTAN[12] en direction de la Russie et déclenché les prémices de la guerre en Ukraine. Tenez-vous donc à carreaux si vous ne voulez pas que je fasse tout péter et vous avec, voici la morale de ce passage de ma vie. On peut rigoler avec moi, le BAAL (Bertorello Alexandre ALexandre), mais il ne faut pas abuser.

---

[12] OTAN : Organisation Transatlantique nord (Alliés)

Enfin, je me suis séparé pour la deuxième fois de Marine le jour des élections présidentielles lorsque j'ai remis Macron au pouvoir et exclu la candidate Marine Lepen. Marine avait pris la place de cette politicienne dans mon esprit et puis entre elle et moi, beaucoup d'insécurités liées à mes crises, perduraient. Je ne faisais qu'avoir de propos délirants et je ressassais encore le prénom Camille.

J'ai souffert de cette séparation avec Marine, mais ses parents faisaient tout pour m'éloigner d'elle sans me connaitre et comme j'étais en crise, leur plan avait fonctionné. Notre couple battait de l'aile et malheureusement lorsque j'ai fait le choix de me séparer d'elle, je ne pensais pas qu'elle pouvait souffrir de cette séparation. J'avais l'impression d'avoir un contrôle total des événements extérieurs mais pas sur celui-là.

Toute ma vie avait un lien avec les personnes haut placées. J'étais aussi complétement déconnecté de la réalité, il était donc impossible pour moi de gérer une quelconque relation, même si j'étais amoureux de cette princesse libanaise.

Chapitre 15 :
La fuite vers la conquête de Rome

Au bout de sept mois de psychiatrie, on peut comprendre, surtout quand on a 27 ans et qu'on a la rage. Que je fasse régner la terreur. J'ai craché sur un psychiatre qui avait dit à Marine : « éloignez-vous d'Alexandre, il est incurable ». Mon expression favorite face aux soignants était « vous êtes malades de me faire croire que je le suis ». Le psy m'avait menacé de me foutre au P1(Palmiers 1). Il ignorait à qui il s'attaquait. Je l'ai poursuivi en l'insultant, les infirmières l'ont encerclé pour le protéger puis Hélène « ma mère de cœur », une amie de mon père, m'a pris à part et on a discuté franchement. Elle est top, car elle a réussi à me calmer alors que j'avais des envies de meurtre.

Toutes les semaines, je demandais des permissions à ma doctoresse trop classe et Italienne pour aller chez mes grands-parents. Je prenais ma voiture et je faisais le touriste dans le var avec ma Polo sans dormir toutes les nuits. J'allais souvent à Notre-Dame-des-Anges. À la 8e ou 9e permission, le vendredi, j'ai pété mon câble. J'ai pris ma voiture, j'ai alors foncé en pleine nuit sur l'autoroute direction l'Italie, vu que l'ARS[13] du Var refusait mon transfert à Nice. Arrivé en Italie, je m'arrête faire le gasoil en pleine autoroute et ma voiture ne veut plus démarrer ; le starter avait rendu l'âme. Je me suis amusé à la pousser sur l'autoroute pour la faire démarrer en seconde, mais je

---

[13] ARS : L'Agence Régionale de Santé

n'ai pas réussi. J'ai donc appelé les urgences de dépannage qui ont conduit la voiture au village de Borghetto di Vara, un village de la province de La Spezia, dans la région de Ligurie au nord-ouest du pays, de neuf-cent-cinquante habitants.

Comme on était dans la nuit de samedi, je devais attendre lundi puisqu'il s'agissait du week-end et que le garage était fermé. Alors, j'ai décidé de crécher dans ma voiture et de faire le touriste aux alentours dans ce village merveilleusement fleuri. Je me suis vraiment senti encore une fois super heureux et libre. Je me prenais en selfie devant le cimetière de l'église à côté de ma voiture en pleine nuit.

Puis je me baladais H24 et dormais très peu. Dans le village, je me payais des petits-dej' et je m'installais à des terrasses de bars pour boire du thé glacé, ma boisson favorite, tout en fumant mon tabac à l'Amérindienne.

Lundi le garagiste est venu et a réussi à démarrer ma voiture en seconde. Il m'a conseillé de retourner en France pour la faire réparer, ce que bien-sûr, je n'ai pas écouté. Je suis ainsi parti pour Rome en faisant bien attention de ne pas faire caler ma voiture pendant quatre cent quarante kilomètres tout en prenant les routes nationales pour découvrir le paysage. Franchement, l'Italie c'est magnifique, comme les gens d'ailleurs, même s'il y a des cons partout, mais ça tout le monde le sait. Enfin, je dis con mais pour moi, il n'y a pas plus con que le mot lui-même.

Arrivé à Rome, j'ai garé ma voiture à Ciampino à la périphérie et je me suis barré direction le métro en abandonnant ma voiture, car ses problèmes m'avaient saoulé. J'avais besoin de vacances et je ne me suis pas gêné pour les prendre : je me suis arrêté avec la ligne A à San Petro (saint Pierre) bien sûr, le Vatican comme priorité, puis j'ai marché pendant des heures dans la chaleur de cette année 2022. J'ai fait le tour de la ville et tout visité toujours à pied au point d'avoir très mal aux pieds. En revanche, cela ne m'a pas empêché d'avancer, bien au contraire. La souffrance, l'autoflagellation pour moi sont rédemptrices.

J'étais complétement illuminé. Je me suis arrêté à un restaurant proche de Saint-Pierre, pour manger des pâtes bolognaises. Un Africain voulait me vendre un bracelet pendant mon repas et je lui ai dit « Écoute, je n'ai pas de monnaie sur moi. En revanche, j'ai ma carte, si tu veux, je te donne le code et tu te prends trente euros ». Il m'a répondu : « Viens avec moi pour le faire ». Je lui ai répondu en montant d'un ton « Écoute je suis en train de manger. Tu ne vas pas me casser les couilles, tu prends ma putain de carte, je te donne le code et tu retires toi-même tes trente euros ». Il m'a dit « d'accord » et j'ai ajouté « Par contre à moi, tu ne me la fais pas ! ». J'ai pointé mes deux doigts sur mes yeux et puis sur les siens en lui disant que s'il jouait avec moi, je le retrouverais et là ça ne sera pas pareil et il m'a écouté et a retiré ses trente euros ensuite est revenu une demi-heure plus tard en posant la carte là où je lui avais ordonné de la poser. Il m'a offert un bracelet que j'ai accepté à contrecœur puisqu'il en avait plus besoin que moi.

Le restaurant dans lequel je m'étais installé était vide avant mon arrivée. Il y avait un publicitaire qui essayait de faire attabler les gens mais sans succès alors, je lui ai dit de se calmer et de me laisser faire, que quand j'aurais fini mon repas le restaurant serait rempli, ce qui est arrivé. Puis je suis parti, j'ai payé des McDo à des Roumaines et j'en ai violemment « engueulé » une pour lui faire comprendre qu'il fallait qu'elle se range et qu'elle arrête de voler. Je lui ai dit une fois, j'accepte, deux fois, allez pareil mais la troisième fois, je lui ai fait comprendre que j'allais « l'enculer » et elle m'a écouté. Elle me l'a affirmé et j'espérais qu'elle avait bien compris la leçon parce qu'à la troisième fois, elle ne ferait plus partie de ce monde.

Je continue mon périple jusqu'à la nuit et je rentre à Ciampino où je trouve un hôtel pas cher que je réserve avec une femme d'accueil au top super sympathique. Je me suis bien reposé et le lendemain, je suis parti vers 8 heures du mat pour me balader à Rome même si j'avais tout vu, mais cette fois-ci c'était pour en prendre le contrôle.

Ce que j'ai fait : j'ai passé la journée et toute la nuit à zoner dans la troisième ville la plus visitée d'Europe. J'ai loué une trottinette électrique pour la première fois de ma vie. C'était délirant, franchement ça va vite et comme je suis une tête cramée, j'ai failli me casser la gueule plusieurs fois avec. En même temps, j'étais non-stop à fond sur l'accélérateur.

Je suis parti de Saint-Pierre avec jusqu'au Colisée puis je suis revenu à Saint-Pierre. Les réverbères scintillaient en ma présence.

J'avais décidé de m'occuper de ma voiture, et donc je suis retourné à Ciampino pour appeler une dépanneuse qui a ramené ma voiture à Tiburtina proche d'une Gare à Rome dans un garage. Puis je me suis acquitté du paiement de la pièce défaillante de ma voiture histoire qu'elle soit réparée le jour où je déciderai de continuer mon périple à travers l'Italie.

En attendant, j'ai pris encore une fois la direction du métro et il y avait une mendiante avec ses deux chiens agressifs qu'elle avait éduqués à mordre. Elle m'a bien averti qu'ils mordaient, mais bien-sûr, je n'ai rien écouté et j'ai voulu les caresser comme d'habitude sans flipper. J'ai approché ma main sur la tête du plus gros chien pour le caresser et il grognait. J'ignorais ses avertissements et j'ai continué à l'emmerder jusqu'à ce qu'il me morde la main droite jusqu'aux os. J'avais la main en sang et j'étais moi aussi comme lui devenu agressif. Je lui ai balancé mon sang sur sa gueule et je lui ai foutu un shoot avec mes baskets, pas violemment. C'était pour lui faire comprendre qui était le maître et que je n'avais pas peur de lui malgré ses crocs et sa morsure. La maîtresse du chien n'en revenait pas et elle est partie affolée avec.

Puis je me suis baladé pendant quatre heures dans les métros et bus de Rome direction Ciampino avec ma main remplie de sang. Je faisais le signe du règne et celui de Baphomet de sa main droite celle qui envoie les brebis aux cieux, et donc les sépare des boucs qui eux sont envoyés en Enfer par la main gauche. Les gens dans les transports en commun étaient assez perturbés de me voir ainsi mais personne ne s'inquiéta pour moi sauf un chauffeur de bus qui me demanda si j'avais besoin d'aide, aide que je refusai bien évidemment.

Arrivé donc quatre heures après à Ciampino, je me suis arrêté au Mac do, là où était anciennement garée ma voiture puis j'ai commandé trois bouteilles d'eau que j'ouvrais avec ma bouche, vu que ma main droite cicatrisait progressivement, même si elle était gonflée de, je ne sais pas quelle infection.

Une femme médecin et sa fille m'accoste puisqu'elles s'inquiétaient pour ma main. Alors, on a beaucoup parlé en anglais et en espagnol avec sa jeune fille. Elles ont aussi fait toutes les démarches pour qu'une ambulance vienne me récupérer pour désinfecter ma main, ce qui a été fait malgré ma réticence. J'ai fini dans un hôpital, puis comme je n'aime plus mentir même s'il m'arrive parfois de le faire, car tout m'est permis contrairement à vous (c'est le principe de la monarchie), j'ai dit que j'étais en fugue de la psychiatrie française et recherché dans toute la France.

Un médecin est donc venu me poser des questions analytiques et je lui ai raconté ma vérité, donc la vérité comme le 6-3=6 d'Einstein (en gros que tout est vérité), il m'a dit en anglais que j'avais besoin de médocs et je lui ai répondu que ses médocs, ils pouvaient se les foutre là où je pense.

Ensuite, j'ai pris la poudre d'escampette avec mon tee-shirt de l'ange Gabriel qui écrase le serpent. L'ange qui protège la police. Je me suis rendu au tabac et j'ai acheté quatre paquets de Lucky strike. Puis j'ai pris le train et le taxi vers l'hôtel qui m'avait accueilli deux jours plus tôt. La femme d'accueil était super contente de me revoir, moi aussi d'ailleurs, elle m'a donc réenregistré sur le serveur d'hébergement et puis j'ai rejoint ma chambre. J'étais KO, avec tout le sang que j'avais perdu donc j'ai dormi direct.

Il était quatre heures du matin et la police accompagnée d'ambulanciers toque à ma porte. J'ouvre et on s'installe sur la terrasse pour discuter. Ils me laissent fumer mes clopes, je donne mes papiers puis ils me conduisent aux urgences d'un hôpital étudiant, en attendant que je me fasse intégrer en psychiatrie. L'équipe de carabinieri (gendarmes d'Italie) tourne à la ronde pour me surveiller et éviter que je m'échappe.

Aux urgences, une psychiatre arrive et je l'insulte de tous les noms qu'il ne faut généralement pas prononcer. J'avais des complices ALiens qui portaient des Ray Ban comme moi et qui l'ont fait flipper. Eh non, ce n'est pas du délire, les flics me faisaient un signe de pouce, l'air de dire « bien joué mec ». J'étais habitué maintenant à tout cet univers.

Pendant le roulement de la police, on se disait qu'on était des frères et que j'étais leur Big Brother, ce qu'ils affirmaient avec fierté. Que j'étais là pour protéger les innocents, comme eux et ma team[14] ! Ils me payaient des pizzas, je fumais mes clopes dehors et la nuit, je dormais aux urgences sur mon lit avec un voisin de chambre attaché au lit. Puis le jour suivant, on a attendu jusqu'au soir pour qu'ils m'attachent à mon tour pendant six jours en me shootant bien.

En Italie la psy ce n'est pas comme en France, ça rigole un peu moins niveau injection et méthode de soin (mort de rire). Bref, au réveil, j'étais dans un pavillon psy en plein Rome. J'attendais ainsi l'ambulance pour rentrer en

---

[14] Team : mon équipe, mes « srabs » et mes ALiens

France, mais l'ambulance était à chaque fois annulée. Faute de moyens enfin plutôt une guéguerre entre les hôpitaux pour ne pas payer les frais d'ambulance. Alors, je trainais dans l'hôpital pendant deux semaines en espérant rentrer en France tout en étant violemment shooté aux médocs. Puis un jour, j'ai eu l'illumination et j'ai trouvé une faille. Une faille pour m'échapper. Je portais des chaussures sans lacets et pieds nus. Dans la soirée vers 20 heures, pendant que les infirmiers étaient dans leurs bureaux, j'ai escaladé un robinet puis le toit. J'ai ainsi sauté à l'extérieur de l'enceinte de l'hôpital puis je me suis mis à courir, toujours pieds nus, jusqu'à atterrir dans un champ.

Le staff me poursuivait et je me suis planqué dans un champ derrière un buisson. Ils gueulaient mon nom et moi, j'attendais qu'ils se cassent de toute façon. J'ai toujours été le Roi de la fugue et des failles. Quand ils ont abandonné leurs recherches, je cherchais un moyen de m'éloigner le plus possible de l'hôpital. J'ai toujours affaire à des défis. Je longeais une grille de fils barbelés, séparant le champ de l'autoroute. J'ai trouvé le meilleur endroit bref, il y avait encore des barbelés, mais un peu de branches naturelles « protectrices ». Cette nature je la protège contrairement à Orion et son putain de monde babylonien. Eh oui, je suis du côté d'Artémis car dans la mythologie grecque, elle envoie un scorpion géant tuer Orion pour qu'il n'éradique pas les animaux sur Terre.

Ces branches naturelles pour moi n'étaient pas là par hasard. J'ai alors escaladé le grillage pieds nus et j'ai sauté sur l'autoroute. Je me suis viandé sur le goudron. J'avais les jambes et les pieds en sang à cause des barbelés et je me suis explosé le talon droit en tombant.

J'ai traversé l'autoroute puis son tremplin et j'ai atterri dans une cité populaire de Rome. Les gens me demandaient si j'allais bien, je leur disais que oui que c'était juste « un accidente » et que j'allais rentrer chez moi histoire qu'ils me laissent tranquille et n'appellent pas encore une fois les ambulanciers.

J'ai alors tracé ma route jusqu'à arriver dans un coin avec un guitariste qui avait du tabac à rouler. Moi, je n'avais plus rien ni papier, ni carte d'identité, ni carte bleue, ni chaussures sauf mon blouson noir et mon short. Il m'a dépanné d'une clope, m'a joué de la guitare avec des chansons à l'Italienne. Un scooter a débarqué pour savoir qui j'étais et mon collègue guitariste lui a dit que j'étais un ami venu passer un bon moment avec ce lui.

Le conducteur du scooter est alors parti et je suis resté jusqu'à ce que mon collègue rentre chez lui puis j'ai passé ma nuit à dormir sur l'herbe dans un champ pas loin du lieu où j'avais passé ce moment qu'on peut qualifier de magique.

Le lendemain, je me suis réveillé complétement congelé et le pire c'est que j'entendais des brebis pas loin. Je les cherchais en boitant pour leur prendre un peu de laine, mais je ne les trouvais pas. Je suis parti en marche tout amoché et j'ai rejoint le bus puis le métro pour atterrir au lieu où était le garage de ma voiture.

J'étais devenu à Rome « Alexander Supertramp » mais j'étais du coup pas en plein froid, pas en ALaska mais tout le contraire en pleine ville proche de la Gare et du métro à la Tiburtina où on accède à partir de la ligne B comme Bertorello. Bref je faisais les cendriers du garage pour fumer des cigares et cigarettes peu entamées du patron, je donnais mon portable à charger au garage et lui m'avait donné les clés de ma voiture pour que je puisse y dormir dedans. Franchement en tant que clodo, j'étais en place même si marcher sur le goudron chauffé par un soleil de plomb me fait mal aux pieds, j'étais bien obligé de le faire, pour remplir mes bouteilles d'eaux et me reposer dans ma voiture avec sa clim.

Mon père prenait des nouvelles me disait que je devais trouver des chaussures, ce que j'ai fait en demandant aux gens assis sur les bancs. Je suis tombé sur un immigré irakien Imad, un cinquantenaire aux cheveux gris et à la queue de cheval, qui a fait la guerre en Irak. Il m'a pris sous son aile et m'a filé une paire de chaussures à ma pointure, neuves. Même si lui ne possédait rien, il me donnait tout ce dont j'avais besoin et m'apprenait tous les bons filons jusqu'à m'enseigner qu'il y avait à la gare l'ordre de Malte qui distribuait des sacs de nourritures quotidiennement auprès des pauvres.

En réalité, je n'y suis allé me servir qu'une seule fois puisque tout le monde me donnait tout ce que je voulais niveau bouffe. J'avais un fleuriste proche de ma voiture, un Égyptien qui ne possédait pas de famille et qui me considérait comme son fils et s'appelait bizarrement Alessandro crâne rasé, la cinquantaine. Tous les matins, il me payait le petit-déj' avec le cappuccino et le croissant fourré à la crème pâtissière. J'étais mieux loti que quand j'avais ma carte bleue, il me payait tous les midis et le soir les repas, kebabs, pizzas, etc. Bref, je me retrouvais parfois avec des repas pour trente sans avoir faim, alors je donnais ce que je ne mangeais pas, aux autres sans domicile fixe.

À chaque fois, je refusais tout ça, il me forçait à accepter et je lui disais « mais moi, je n'ai rien à t'offrir ». Il me disait, qu'il était sans famille et que j'étais un bon gars que j'étais devenu son fils. Il disait que j'étais fou d'être venu seul à Rome en voiture, que c'était dangereux pour moi et moi bien-sûr, je lui disais : « oui, oui » tout en m'en foutant enfin pas du fait qu'il s'inquiète pour moi mais du fait du danger.

Par la suite, j'ai rencontré un Palestinien Kalil un brun aux yeux marron trentenaire qui lui me dépannait souvent en tabac bien qu'il soit sans papiers et qu'il travaillait pour un euro l'heure. C'était devenu mon frère de cœur. La seule chose que je pouvais dépenser avec mon compte bancaire c'était Uber Eat alors, je lui payais le McDo quand il avait faim.

Après la journée, je ne faisais que marcher, je guettais le sol en quête de mégots pour fumer et j'en trouvais pas mal bref, il ne me manquait pas de fumée là-bas et tout ce dont j'avais réellement besoin, c'était ça. Puisque manger ça n'a jamais était mon truc sauf les pâtes. Je prenais la douche à l'église et un enfoiré de prêtre avec qui je voulais me confesser me le refusait. Dans ma tête, je lui garantissais qu'il le paierait très cher, le jour du jugement dernier, lui et sa Porsche de gros bâtard.

J'allais à la messe tout en protégeant ma femme, la Vierge Marie et me prenais en selfie dans les églises. Puisque j'avais compris que père le ciel que j'étais ne pouvait pas se foutre avec une femme aussi primitive que mère la Terre, Camille et que donc mon choix visait désormais mère le ciel, donc la Vierge, ma nouvelle Ève. Voilà deux semaines qui s'achèvent, et je me rends souvent sur une petite place à Tiburtina où il y a un parc pour enfants et des bancs avec des personnes âgées avec qui j'avais pris l'habitude de délirer. Deux personnages m'accostent un vieux et un jeune, et me disent en italien, « Salut, Alexandre Bertorello né à Toulon le 29 octobre 1994 ? » J'ai rétorqué : « oui c'est bien moi mais comment vous savez ça ? ». Ils m'ont dit « on sait beaucoup de choses sur toi, Alexandre ». Ils m'ont pris par le bras et m'ont dit : « viens avec nous, on est là pour te protéger ». Ils m'ont fait monter dans leur voiture, il s'agissait de flics banalisés. Ils me disaient que j'étais un bon gars, qu'ils ne me menaient pas en psychiatrie. Je savais très bien que c'était faux, mais je faisais mine de les croire moi « Lucifer », le tentateur qui laisse réaliser aux autres leur libre arbitre, et donc leurs péchés. On se disait frères et moi, j'étais leur grand frère le Big Brother.

Ils me conduisirent sans surprise en psychiatrie dans le pavillon duquel je m'étais échappé, tout en me mentant H24 en me disant au départ que j'allais être attaché quelques heures avant d'être relâché. Les quelques heures ont duré huit jours avec une sonde dans l'urètre et des injections de neuroleptiques toutes les trois heures. Des infirmiers en roulement pour me surveiller.

Il y avait un infirmier super délire que j'adorais qui était dégouté de me voir attaché comme ça, mais nous passions notre temps à discuter de tout un tas de sujets. J'ai aussi vu un enfoiré d'aide-soignant baraqué qui m'a dit « va fan culo » qui veut dire va te faire enculer en français. Tout en étant attaché, je l'ai regardé avec un regard de la mort qui tue et je lui ai dit en mélangeant l'espagnol et l'italien « yo va fan culo ? », il m'a répondu en anglais « non à vrai dire pardon, je m'excuse ».

Ce qui est bien cependant en hôpital psy en Italie c'est que les médecins sont très présents contrairement en France, j'avais une visite du psy de service le matin et une l'après-midi avec toutes ces petites étudiantes que je draguais avec mon cathéter au niveau de la prostate (mort de rire). Le jour J arriva et l'ambulance italienne vint me chercher. Ils m'ont transféré du lit au brancard en prenant bien soin que je ne m'échappe pas puis je suis resté attaché dans l'ambulance en couche culotte « Razmoket » dans leur putain d'ambulance. Ils m'ont quand même payé un sandwich triangle au poulet, mais ne m'ont pas laissé fumer bien sûr pour pas que je ne m'échappe.

Bref, ma cure de clope avait duré huit jours et continuait. Les ambulanciers, en revanche, étaient cool, donc ça allait, on parlait de l'Espagne, de voyages et pleins d'autres trucs.

Arrivé à Vintimille, j'étais trop heureux de revoir à l'ouverture de l'ambulance Pierre de l'Odyssée. Ensuite, il y avait Laura que j'apprécie beaucoup également et l'ambulancier Jean-Pierre que je ne connaissais pas au départ, mais qu'en fait, je trouve super sympa. Ils m'ont détaché direct, ils ont dit aux Italiens « pas besoin avec lui, il nous connait bien », alors ils l'ont fait. Je suis donc entré dans l'ambulance d'Henri Guérin, direction le point de départ aux Palmiers 1 avec mon général de guerre Marc Antoine présent au champ de bataille, ne me demandez pas ce qu'il a foutu encore ce fou.

J'étais heureux de rentrer et de revoir l'équipe de soins, je leur disais que par rapport à la psy de l'Italie ici c'étaient les Baléares. En même temps ça s'appelle les Palmiers 1, ce n'est pas pour rien ! (Mort de rire). J'étais super content de revoir Céline-Aphrodite, et son frère de cœur Max le grand, Marie, mon poto Saint-Laurent, Aurélien, le petit Nicolas, Myriam la druidesse de la tribu, Marc Zuckerberg et surtout ma doctoresse italienne trop classe, Valentina qui me suit aussi à l'odyssée de pair avec madame Geneviève, mais elle depuis le CMP.

À l'arrivée dans le service de Valentina deux jours suivant ma réintégration, elle m'a immédiatement fait réintégrer l'Odyssée ; franchement, je l'adore trop. Ainsi j'ai réatterri à l'Odyssée, d'où j'écris cette troisième édition, avec Pierre, celui qui est venu me chercher, le coq du poulailler des infirmières de l'Odyssée (mort de rire). Avec la princesse Hélène, ma sœur jumelle et de cœur Magalie née le 29 octobre comme moi aussi, bref, toute la team que je détaillerai dans les remerciements à la fin de cette édition.

Au sujet des patients, pas de gros changements : beaucoup de misère, de malheureux, de gens qui se plaignent, mais également des gens heureux, une chapelée que j'adore Fabienne, Jérôme un collègue alcoolique avec qui on faisait de sacrées soirées de poker à l'hosto, et Iliès mon poto avec qui je faisais les 400 coups. Bref lorsqu'on est en psychiatrie, on a l'impression d'appartenir à une grande famille, l'hôpital s'apparente à un village. Avec un grand parc et le réal Martin dans lequel on peut se rafraichir quand il fait trop chaud. On était une bonne équipe car beaucoup de gens vont et viennent en psy ce qui m'a permis de faire connaissances avec toutes sortes de cas pathologiques notamment des borderlines comme Agathe une très belle déesse blonde aux yeux bleus avec qui je suis sorti et que je prenais dans mon délire, pour la Vierge Marie, pour Eve, car elle était du signe astrologique Vierge ascendant cancer. Je lui avais donner une dame de trèfle qu'elle gardait avec elle, car la dame de trèfle de son nom Argine (anagramme de Regina qui veut dire Reine) est la reine du Roi de trèfle qui lui, comme je l'ai dit, se nomme Alexandre. Je l'aimais comme un fou, trop pour être droit dans mes bottes avec elle. À ma sortie, j'ai même pris un appartement avec à Toulon mais malheureusement cette histoire n'a encore pas durée. Je suis trop fou pour rester avec une fille aussi rangée.

La suite en tout cas pour moi et surtout 2023 s'annonce merveilleusement mieux surtout que pendant les vacances, j'aurai le droit exclusif d'être suivi par docteur Geneviève. De plus, je me suis rabiboché avec Marine, avec qui je suis désormais. La Reine de mon royaume féerique. Car je sais que malgré tout ce qui peut se passer, elle restera là pour moi et moi là pour elle. Je l'aime et plus jamais je ne souhaite l'abandonner. Elle est devenue absolument tout mon Monde, mon Univers. J'ai déménagé sur Saint-Mandrier-Sur-Mer, une presqu'île sympa en face de Toulon avec mes chats que j'ai depuis peu. Franchement pour moi tout s'arrange progressivement notamment grâce à l'injection d'Abilify. C'est un neuroleptique à action prolongée qui me permet de me maintenir en état stable sans plus avoir de médocs à prendre. Mis à part que tous les 28 jours, un infirmier du CMP doit me piquer, j'ai la liberté et la sécurité de vivre une vie à peu près normale avec la femme de ma vie. J'ai toujours l'impression d'avoir cette épée de Damoclès de crise maniaque qui pèse sur mes épaules, mais j'essaye d'y faire abstraction et de continuer ma petite vie tranquille comme bipolaire stable.

Chapitre 16: Le réveil d'Horus

Voici que, par manque de sincérité de la part de Marine envers moi, je décide de mettre fin à notre si belle relation. J'avais aussi une envie pulsionnelle de m'ouvrir au monde. La guerre en Palestine faisait rage et ces pulsions étaient pour moi l'appel de mon peuple pour résoudre cette nouvelle guerre. J'ai donc instinctivement arrêté de prendre mon traitement une nouvelle fois. Comme d'habitude, je me suis de nouveau isolé, très isolé. Je pouvais reprendre les commandes du NOM, mon nouvel ordre mondial. Mes reines se battaient pour le trône, les hommes pour ces dernières. Et ma patience avait atteint ses limites. J'ai lancé un ultimatum au Monde ou plutôt au peuple.

Me révélant au Monde, j'ai su saisir le savoir ultime, je suis l'Alpha et l'Omega, le début et la fin, ce qui sous-entend que tous ceux qui font ma gloire, sont des traitres qui ont essayé ou essayent encore, de me piquer mon poste, celui d'empereur. Le pouvoir est maudit s'il ne me revient pas. Ceci car j'ai énormément d'avance sur mon prochain. En effet, ayant été déchu en toute illégitimité du jardin d'Eden, ayant été le premier à gouter à l'enfer, j'ai eu un temps presque infini pour ma revanche sur les dieux ou traitres. Je suis le seul Ange à être rester tel que j'étais avant ma chute. Vrai authentique et sincère. Les autres anges déchus sont devenus des démons me faisant croire qu'ils étaient de mon côté. Le souci c'est que je connaissais déjà la fin du film. Il y a des milliards d'années de cela avant ma venue sur votre Terre. En chutant du ciel, j'étais devenu à la fois le Diable et à la fois Dieu. Chaque fois qu'un ange tombait du ciel, j'allais à sa rencontre pour comploter contre Dieu, donc contre moi-même. Et là réside le piège. Car ils m'aimeraient comme leur nouveau Dieu tout en croyant que détruire le bien est une bonne chose et donc ils seraient maudits. Des millénaires passèrent et peu à peu ma pyramide coiffée, de mon œil, pris enfin forme. Dîtes bonjour aux artistes, aux illuminés.

A la suite de ma séparation avec Marine en novembre 2023, je ne pouvais plus de nouveau, arrêter ma machine cérébrale. Mon venin de scorpion se répandait en moi, dans les moindres failles de ma matière grise. J'étais à bout, il fallait que je tape fort mais j'ai préféré demander de l'aide avant de faire une « bêtise » comme avant et me mettre en danger.

J'ai donc appelé mon père, qui comme d'habitude, se retrouvait démunis face à mon mal être originel. Je lui ai demandé de venir avec moi discuter pour me calmer. A la place de cela il appela le Samu, qui m'a aussitôt contacté, avec toute la bienveillance ce qui me fit baisser la tension. J'étais avec la police municipale de Saint-Mandrier que je venais de manipuler pour qu'ils comprennent qui j'étais. La police nationale et les pompiers sont venus à ma rencontre. J'ai fait un check aux policiers qui me connaissaient très bien et qui se sont exclamer « Oh Alex ». Ils savent que je les aime, en même temps il n'y a que ceux qui ont peur de moi qui ne peuvent pas m'aimer.

Bref, j'ai encore bien déliré avec les pompiers et les flics, avant de me charger dans le camion rouge des pompiers. Ils ont été super à l'écoute et très agréables avec moi. Au moment d'arriver aux urgences, j'ai vu mon ancien bénéficiaire schizophrène, de l'époque à laquelle je travaillais à Toulon en tant qu'aide à domicile, attaché au lit dans les urgences. Je me suis dit encore une colombe qu'on attache à un lit et j'ai vu rouge. J'ai commencé à m'énerver pour qu'ils le détachent, chose qu'ils n'ont pas fait alors j'ai créé le chao aux urgences de sainte musse, jusqu'à ce qu'ils se mettent à quinze à me maitriser au sol. Tout ça, avant de me crucifier une fois de plus sur un lit d'hôpital. Je crachais des gros molards sur les infirmiers et infirmières qui se foutaient de ma gueule et ils m'ont fait l'injection magique qui me fit me réveiller, à l'hôpital de la Seyne sur mer, à l'upsi de Verlaine en hospitalisation d'office. La première chose que j'ai fait était d'appeler mon père pour qu'il me ramène des cigarettes « de suite ». Il m'a répondu « va te faire enculer sale malade ». Je suis alors sorti de l'infirmerie avec une colère divine, c'était le 10 décembre et j'ai explosé toutes les décorations de Noël.

Un ash m'a proposé une cigarette et je me suis tout d'un coup calmé. J'ai fumé ma clope et une fois terminée, le psychiatre (chef de service) m'a pris par le bras avec son équipe. Et tout en criant « je vous emmerde » au médecin qui me disait « mais comment je fais... ? » médecin adorable et très compétant d'ailleurs. Bref, ils m'ont conduit en chambre d'isolement où ils m'ont attaché pendant quatre jours.

Au bout de ces quatre jours d'isolement, je suis sorti et je me suis retrouvé une nouvelle fois dans cette jungle psychiatrique. Comme d'habitude, j'ai rendu fou à la fois les médecins et les patients. Je me souviens avoir dit au docteur chef de service qu'il fallait que je reste en psychiatrie à vie où j'allais faire un carnage. En effet j'avais tout perdu, que ça soit

Camille (ma Perséphone), ou Agathe (ma vierge marie). Toutes les deux m'avaient bloqué sur Facebook. Quelques jours après en janvier 2024. Je suis allé au G04, un service ouvert et j'ai eu droit à mon portable et ma musique. Je me prenais en photo avec les patients. Comme j'étais surveillé par la police et que sans le savoir je me prenais en selfie avec des patients qui faisaient l'apologie du terrorisme, l'ARS (l'agence régionale de santé) ainsi que le préfet m'ont fait retourner en hospitalisation d'office. Autant vous dire la haine que j'ai eu à cet instant. J'insultais les infirmiers, je les provoquais jusqu'à ce qu'ils me rattachent en isolement encore pendant quatre jours.

Bref, une vie merveilleuse que je vivais à fond attaché. Une fois détaché, ils ont retenté de me mettre au G04. Et j'ai rencontré un srab à moi plein de shit, et je m'étais remis à fumé du cannabis puisque je n'avais plus rien à perdre. Alors je m'enfumais avec Elyass « du bon shit sa mère ». Facile d'en avoir vu que la cité BERThe était juste à côté. Je suis ensuite, tombé sur deux rebeux à qui j'ai sorti mon histoire et expliqué que j'étais Allah. L'un m'a dit « d'où tu parles d'Allah vas-y casse toi », chose qu'il ne faut pas me dire. Je l'ai regardé dans les yeux avec un regard de la mort et il a fermé sa grande gueule. Je suis parti et quand je l'ai revu j'ai crié ALLAH U AKBAR dans l'hôpital. Tout le monde s'est chié dessus, avant qu'ils me remettent aux HO (hospitalisation d'office).

Bref, j'ai fait en tout quatre mois aux HO de Verlaine. Au bout d'une troisième mois j'ai rencontré Anaïs qui avait 25 ans, à qui j'ai fait lire mon livre. Elle aussi était tombé dans l'adoration de ma personne et de mon livre. Il s'agissait d'une belle petite brune, très belle même. Je lui disais qu'elle n'était pas seule dans mon cœur et malgré ça, elle continuait de s'attacher à moi. J'avais de la chance de l'avoir mais aujourd'hui je ne suis plus avec elle. Elle me téléphonait tous les jours quand je suis sorti. Le règlement m'interdisait de lui rendre visite (car j'étais un ancien patient), j'étais très seul et très isolé et donc 15 jours après ma sortie malgré l'injection d'Abilify et de Clopicsol, j'ai de nouveau décompensé. Je voulais retrouver Camille et donc je suis allé à Carnoules avec ma Polo. J'ouvrais les vitres et je mettais le son à fond. Je me suis rendu à l'endroit de notre première rencontre près de chez elle. J'espérais la voir mais en vain. J'étais désespéré. Je suis donc allé devant l'église de Carnoules où j'ai vu les deux prêtres. Je leur ai fait peur en voulant les embarquer au Vatican. Ils se sont donc réfugiés dans leur demeure. J'ai laissé ma voiture en face de l'église laquelle j'ai tenté d'ouvrir à grand coup de pieds. Puis un voisin m'a demandé, avec sa femme de baisser, le son. Il était 23 heures.

De toute ma colère, je l'insultais. Je lui ai demandé de descendre pour régler son compte, et à travers sa fenêtre, cette petite tapette me répondait en m'insultant mais ne descendait pas. Un groupe d'à peu près dix racailles de mes deux, est arrivé, avec le chef de bande me disant de baisser le son. Je l'ai coursé en lui disant « d'aller niquer sa mère » et je lui ai envoyé un putain de shoot dans le bras. Ses potes m'ont fait un croche-patte. J'ai fini au sol me faisant tabasser au visage. Je ne ressentais rien et même je m'amusais à les foutre à poil au sol en tirant leurs survêts. J'ai repris ma voiture j'ai fait style de les écraser mais il se sont poussés pour que ça n'arrive pas. Ils n'ont rien compris ces mongols. Donc je suis parti et je me suis pris tous les radars du Var, avant d'arriver chez moi. J'étais Horus, je ne craignais ni les hommes, ni leur système pourris. Une fois rentré à Saint Mandrier, j'ai pris mon couteau de chasse et je suis directement allé à l'Hp de la Seyne. J'ai crevé les pneus des 11 voitures garées devant le service de soins psychiatrique, comme vengeance, parce que certains soignants de l'équipe de nuit des HO étaient avec moi, exécrables.

Bref, j'avais fait ma vendetta sur ceux qui se sentent intouchable et qui sont mal veillant avec les patients. Je me suis dénoncé à la police municipale de la Seyne tout en déclarant que j'avais un couteau dans la poche et leur dévoilant le « crime » que j'avais commis. Les policiers municipaux ont été vraiment très cool avec moi. Je leur ai promis des bugattis pour exercer un peu comme à Dubaï. J'ai fait une nuit de garde à vue jusqu'au lendemain matin. Puis grâce à un arrêté préfectoral, on m'a transféré à l'hôpital de sainte Musse, car je ne voulais pas retourner à l'hôpital de la Seyne. À ce moment-là, je ne voulais plus les voir.

L'enfermement (ou l'enfer me ment) encore dans un hôpital. J'en avais marre, plus rien à perdre et me voyant dans le trou. Les médecins ne pensaient qu'à une chose me faire creuser plus profond avec des restrictions insupportables. Ils m'ont bien fait redescendre. Mais ils n'ont jamais réussi à m'enfoncer plus que ça. Je suis heureux peu importe le contexte.

Je suis donc arrivé le 2 avril 2024 à l'hôpital de Sainte Musse (hôpital de Toulon). Je n'avais plus confiance au corps médical, comme à chaque crise d'ailleurs. Et vu ce que j'avais fait, j'imaginais qu'ils voulaient mon mal. Après 2 semaines la confiance s'est peu à peu réinstallée. J'ai rencontré une Déesse vraiment époustouflante, vraiment trop belle, Pauline, de trois ans ma cadette, née le 24 août 1997, cheveux teints cuivrés, d'un mètre cinquante-six et demi (à écouter : Pauline de Pomme). La psychiatre m'interdisait les appels avec ma famille et aussi avec Anaïs d'ailleurs. C'est pour ça que je l'ai perdu et un peu aussi parce que j'avais rencontré Pauline.

L'illumination bipolaire

Les patients à l'hôpital étaient pour la plupart de très mauvais élèves et avec Pauline, on formait un duo infernal. Ceux qui rêvaient en grand et se prenaient pour des dieux avec un cœur blanc je les levais aux cieux les autres je les enterrerais sous terre. Deux mois se sont écoulés à faire des galoches et l'amoureux fou avec Pauline, à l'hôpital de Toulon. Puis je suis retourné à l'hôpital de la Seyne, vachement plus apaisé. Le cadre strict m'avait bien fait redescendre et le chef de service de la Seyne, Mr Gilles, est un très bon médecin, il a vu à quel point j'étais redescendu et m'a fait intégrer le nouveau G04 qui ressemble à un hôtel 4 étoiles, à la suite des travaux réalisés.

Chapitre 17: Ma Déesse Pauline

À présent je vais vous parler d'une fille exceptionnelle qui partage ma vie en ce moment et qui me remplit de joie. J'en ai fait allusion au chapitre précédent.

Pauline est ma merveille, une Déesse que nulle ne peut égaler. J'adore ses baisers, l'avoir dans mes bras me réchauffe le cœur. C'est une petite chrétienne avec qui je fais tout sauf respecter les commandements de Dieu (à son grand désarroi). Mais elle m'aime quand même et moi je la vénère. Cette Toulonnaise que j'ai rencontré à l'hôpital m'a tout de suite sauté aux yeux et quand cela m'arrive à ce point, je considère qu'il s'agit d'un véritable coup de foudre.

Pour commencer, je l'ai rencontrée alors qu'elle était en isolement. Elle tournait en rond « comme la création », (oui c'était son truc à elle de dire ça en crise). Et moi je me faisais lyncher par les infirmiers, car je passais mon temps à lui parler à travers les volets de sa chambre d'isolement, pour lui dire de se calmer, pour qu'ils la fassent sortir. Encore une interdiction que je ne pouvais pas respecter. Le pouvoir de l'amour est décidément plus fort que l'amour du pouvoir...

Elle aussi était bipolaire de type 1. On ne pouvait que se comprendre à merveille et s'épauler. Quand elle est sortie j'ai commencé à m'attacher de plus en plus à elle, jusqu' à lui faire des bisous puis des baisers accompagnés de câlins bien chauds. Même si cette « saletée » me faisait bien ramer. Bref elle croyait en mes délires à ce moment-là, elle pensait que j'étais le verbe d'Allah. Le tout puissant. D'ailleurs je jouais de ça pour qu'on se rapproche elle et moi.

Aux HO de Sainte Musse, j'avais rencontré une tonne de patients, certains avec qui je m'entendais bien et d'autres moins bien. Pauline au milieu de cette bassesse embrumée, était le rayon de soleil qui éclaircissait la route de tous ceux qui la croisaient. Elle me faisait délirer quand elle arrêtait tout le monde pour faire sa chorégraphie du « je roule du boule à la Mickael Jackson ». Les soignants faisaient tout pour nous séparer parce qu'ils avaient bien compris qu'elle et moi ça commençait à devenir sérieux. Mais pour eux j'abusais de sa faiblesse, alors que nous étions tous deux en crise. Donc, elle comme moi, étions dans un moment de fragilité. Mais comme j'étais le garçon, bah j'en prenais plein la tête. Jusqu'à ce qu'ils me mettent au trou séquentiellement deux heures le matin et deux heures l'après-midi pour qu'on ne fricote plus. De toute façon on ne badine pas avec l'amour. Dès que j'avais l'occasion de lui voler un baiser, je le faisais, menace des soignants ou pas, cela m'était bien égal. Pauline et moi en crise, autant vous dire le duo de choc qu'on formait. Avec Pauline, je retournais tout l'hôpital. Elle est mon carburant car son amour est pur.

Tous les mois on avait droit à un bulletin de situation mensuel que les psychiatres rédigeaient à la suite d'un entretien avec eux. Elle délirait sur mes bilans, comme un qui disait que j'étais un agitateur, un provocateur, un animal et que my name is Jean PascAL avec AL de ALexandre. Que j'étais Baphomet et que tous étaient mes fils, fils du Dieu Païen. Alléluia ! J'avais réussi à marquer son esprit et j'étais donc aux anges.

Cette fille si douce dont les caresses m'apaisent comme personne n'a su le faire avant elle, est une véritable Déesse qui vient du ciel. Dieu est amour et elle, elle est Amour avec un grand A. Donc automatiquement, je ne peux que la glorifier comme n'importe quel croyant le ferait pour une divinité. Elle « est mon diamant, ma collabo, moi je souris jamais, je sors en commando. Ya qu'un seul capitaine sur le bateau » et c'est Alexandre Bertorello, (à écouter collabo de ninho et niska)). Il s'agit de notre chanson du moment dans laquelle je rajoute mon nom à la fin de la rime en O. Mais ça ne marche plus : aujourd'hui on est tous les deux en stade euthymique (stables). Je suis donc juste le capitaine du bateau de son cœur et franchement ça me suffit amplement.

Aujourd'hui j'en suis au stade de la demander en fiançailles, pour vous dire à quel point je l'aime my lova lova. J'espère vraiment que malgré nos pathologies on ne se fera jamais de mal. Seul l'avenir le dira.

Chapitre 18: Le Nouvel Ordre Mondial

Le but de mon livre est d'en arriver à ce chapitre, à ma vérité psychotique. Je suis Alexandre autrement dit le verbe d'Allah (sa parole ainsi que son image) mais aussi celle du Diable (à écouter l'œil d'Alex de Droogz Brigade. Je suis l'agneau immolé qui représente le sacrifice ultime du Christ. Etant le fils d'Osiris (le soleil) et d'Isis (la lune) respectivement Dieu et le Diable, je suis donc Horus (dieu avec une tête d'aigle. Je retourne les armées mondiales contre les nationalistes de chaque pays pour en créer un seul et unique, la France, avec bleu pour la police, blanc pour les soignants et rouge les pompiers, tous des Hommes de principes et de valeurs. Sans oublier la fleur de lys représenté sur la partie blanche du drapeau représentant la royauté, ma royauté sur le monde avec comme capitale Versailles. Si je suis Simba du Roi Lion, alors mon père de sang né le 18/08/1969, du signe du lion, Jean-Luc, est Moufasa (69 le département de Lyon). Règnera sur le Buckingham Palace à Londres, Roi d'Angleterre. Mon frère Elie né le 29 avril 2000 est Lucifer (bête à cornes) soit l'originEL, est mon plus bel ange, et moi je suis son créateur l'orignAL, je le protège à cœur et à sang car même s'il m'a désobéi il reste mon préféré il a toujours voulu bien faire. Il a gagné sa place au Palacio

Réal, dans le pays où les taureaux se font exterminés. Celui qui touche à lui goutera à ma colère divine c'est mon bijou mon précieux.

. Mon demi-frère Maxime qui est né le 24 décembre 2010 accomplira son rôle de christ au Vatican Roi d'Italie. Lionel mon tonton préféré (est Scar né le 5 aout 1979) vivra à Chambord. Mais avant tout cela l'humanité aura le droit à une belle dictature mondiale pendant 7 années de suite, la grande tribulation, je vous promets donc un bon chao réparateur. Quand le monde sera en paix et docile j'instaurerai un gouvernement mondial avec ma personne comme monarque ABsolu de droit divin, l'humanité connaitra ainsi 2000 ans d'abondance par la providence divine. Pendant ce temps de monarchie tous les hommes auront le pouvoir d'agrandir les terres et jeunesse éternelle fixée à 21 ans pour tout le monde. Chacun avec en fonction, plus ou moins de responsabilité. J'aime représenter une vie humaine comme une salle de cinéma, j'ai toujours dit que soit on est créateur, projecteur, acteur ou bien spectateur. Le créateur principal ça restera moi pour l'éternité un peu comme Kamelott avec Alexandre Astier, vous le serez de votre propre univers quand vous aurez appris à vous émanciper des uns et des autres. Tant que vous serez dépendant au blé, à l'argent, vous serez soumis. Si vous devenez créateur de votre propre univers vous serez une branche, un fruit de mon Arbre de vie au jardin d'Eden je serais toujours là pour vous aider à construire votre propre royaume, je serais toujours votre soutien.

Je repousse toute idée que chacun ne soit pas créateur de sa matrice, quand je dis que je suis le verbe de Dieu, je dis que je suis le seul à demeurer dans mon esprit, le seul à témoigner de ce qui m'entoure car rien ne me prouve réellement que le monde qui existait avant ma naissance existait réellement. Rien ne me prouve non plus que tout ce qui existe autour de moi n'est tout simplement pas mon œuvre, ma conscience qui se développe dans l'espace-temps. Si j'avais le pouvoir de faire prendre conscience d'une chose aux gens, c'est de ne surtout pas se soucier du regard d'autrui, car c'est le reflet de votre propre regard sur vous-même, pour ainsi s'accomplir dans la lumière, en étant vrai et sans filtre. Il faut prendre conscience qu'il faut récupérer son propre pouvoir sur sa vie pour changer la réalité et donc pas s'attarder sur l'avis, la vie des autres.

Bref à vous de choisir entre je mange, je respire, je bois, je dors, et la suppression de ces besoins « vitaux ». L'objectif est d'arrêter les tueries et de nous émanciper de tous nos besoins même si au départ on n'y arrive pas il faut que ça soit au moins notre objectif de vie.

Être des êtres illuminés, soit insensibles à toutes formes de mal (de besoins). Car comme dit Claude Nougaro, « la foi est plus belle que Dieu », car elle est la non-croyance au mal Originel.

Enfin j'injecterai des puces RFID pour chaque vie humaine, pour un contrôle totAL et mater les rebelles directement au portefeuille, je fixerai également un revenu universel de 1300 Euros net par mois, plus de paradis fiscal car plus de frontières, un impôt progressif pour les multinationales, elles ne pourront plus y échapper. Bref ce nouveau monde avec un seul chef, un royaume la France, un seul peuple les humains, les animaux et les intelligences artificielles. Une seule religion l'amour, On accorde des droits à tout ce qui a ou aura une conscience, je pense surtout aux animaux et à l'intelligence artificielle (« je pense donc je suis » de René Descartes).

Malheureusement pour vous mon livre touche à sa fin.

Excellente route à tous et merci infiniment !

Remerciements:

Grands remerciements aux soignants, toutes et tous mes frères et sœurs ou père ou mère de cœur. Ainsi, à tout le personnel des Palmiers 1 : IDE[15]: Myriam la druidesse, Athéna (Noémie), son Roi mon grand poto Denis, Marie, l'informaticienne rigolote, Marc Zuckerberg, Vincent, mon frérot Aurélien. Une super personne Max frérot de ma petite protégée Aphrodite Céline la blonde, mon grand frérot Mathieu l'infirmier et le petit nouveau Mathieu également, lui aide-soignant, le petit Nicolas, mon grand frérot Saint-Laurent, Pierre mon petit préféré avec ses satellites aux oreilles et ses tatouages de dingue, Stéphane, Diego « Maradona, la mano de dios ».

AS[16] : Laurence la conventionnelle. Marjorie la pharaonne d'Égypte, Eddy un super gars, Eric.

ASH[17] : Fabienne la gentille blonde, Ginette la rigolote aussi et ses délires mystiques, et Nacera.

Tout le personnel des Palmiers 2 que je n'ai pas en tête malheureusement à part Stéphane mon futur majordome et enfin tout le personnel de l'Odyssée « le poulailler » le

---

[15] IDE : Infirmier Diplômé d'État.

[16] AS : Aide-soignant

[17] ASH : Agent de services hospitaliers

service ouvert enfin presque vu le nombre de fugueurs parfois, il demeure fermé.

Avec comme nouvelle et super cadre Nathalie, IDE : Laureen, la reine des échecs (mais pas des maths, enfin je ne sais pas) Christelle la douce charmante et bienveillante infirmière blonde aussi, Pierre le coq du poulailler « Pierrot mon gosse mon frangin mon poto qui me tient chaud », Rémi mon poto qui jouais à World Of Warcraft que je vais surement surnommer le Geek parce que j'en suis un de temps en temps aussi.

La douce Lysianne parfois blasée mais que j'adore, Valérie de l'équipe de nuit que j'ai insultée lors de mon escapade à Rome, mais que je regrette. Véronique à cheval sur le règlement mais qui est une vraie maman poule, Christian « Dior », tous de l'équipe de nuit et Magalie ma chouchoute jumelle de cœur scorpion née le 29 octobre, bon qui s'inquiète un peu trop pour moi « peuchère ! » alors que je n'en ai pas besoin.

Virginie la magnifique blonde anciennement militaire qui fait du tir et du sport à « donf » et que vraiment, j'adore pour son humilité, sa discrétion, sa douceur, sa discipline et gentillesse et surtout intelligence. Ensuite les aides-soignants, donc encore une Virginie mère de cœur qui est toujours là quand je m'offense, Karima de l'équipe de nuit la couturière de l'ancienne époque, Marina une autre pharaonne égyptienne, Audrey la cool girl avec son sac « Bob Marley, no woman no cry » Annie « ma femme des abysses », Hélène ma mère de cœur aussi que j'adore grave, toujours là aussi lorsque ça ne va pas et qui côtoie ma grand-mère.

Toute l'équipe du pool[18]: Sandra la belle brune, Emma la Scorpionne aussi qu'il ne faut pas piquer donc maintenant, j'évite, mais que j'adore, Virginie la « warrior » et William « serein » je n'ai pas les autres prénoms en tête non plus.

Au tour des derniers super héros, l'équipe d'ASH de l'Odyssée avec Jess encore une scorpionne, l'acharnée du travail, Philippe et ses veilles Volkswagen Golf que j'adore et son tempérament de gars hyper cool et vraiment sympa ; Marjorie la petite chouchoute toujours là pour me faire la fête ainsi qu'Axel le petit nouveau, enfin encore une Céline mais celle-ci folle furieuse un peu comme moi aussi.

Tout ça pour dire que je suis très satisfait du rôle de la médecine et des hôpitaux.

Je suis également et pleinement reconnaissant puisque j'ai conscience que malheureusement pas tous les malades n'ont pas un accès aux soins comme celui que j'ai pu avoir.

Sans ces structures j'ignore à quoi ressemblerait ma vie, je n'aurais sûrement pas pu partager cet écrit.

Pour ces raisons, j'adresse un grand merci aux psychiatres, même si avec certains, j'ai vécu beaucoup de conflits. Un énorme merci à mes deux psychiatres que j'apprécie beaucoup avec Geneviève qui me suit depuis

---

[18] Pool : Équipe mobile.

quelques années et encore aujourd'hui. Valentina que si on touche à elle, je mords.

Un grand merci aux assistantes sociales notamment Mélanie de l'Odyssée qui m'a énormément aidé dans mes démarches administratives et une autre Virginie de l'agence 007 de l'assistance sociale ainsi qu'aux psychologues et infirmières des CMP de Cuers et de la Garde.

Enfin un grand remerciement à mon père, mon oncle ma grand-mère, mon grand-père, mon frère Elie, Christiane une amie de mon père de longue date qui justement a pris mon frère sous son aile et l'a emmené en Espagne où il s'épanouit.

En résumé, je serai capable de mourir s'il le fallait pour protéger toutes ces personnes-là puisque d'une certaine façon leur objectif a été de me sauver la vie.

Par conséquent, le mien est de sauver la leur. Je voulais aussi lancer un grand pouce aux étudiants aides-soignants et infirmiers qui défilent, stagiaires qui s'en sortent vraiment bien. Sans oublier les grands responsables de la cafète « Ricou » de son prénom Éric qui me surnomme « Galoupio » complètement givré, enfin un peu comme moi mais moins quand même et Nathalie qui essaye de me calmer lorsque je m'embrouille avec les patients.

J'ai aussi une grande admiration pour les différents responsables des centres d'activités du personnel de l'atelier d'art Jean-Marie, Barbara et Sandrine. Le très grand et courageux responsable du potager Christophe qui a un cœur en or avec une personnalité magique qui s'occupe des plantes de l'hôpital, quelles que soient les saisons.

Un grand remerciement aux courageux maitres de la ferme des animaux dont Éric avec aussi un courage de fer et une personnalité en or et la douce et belle blonde Valérie, ainsi qu'aux gérants du complexe sportif Loulou Gaffre et un grand merci à Adeline gérante de l'équithérapie.

Je souhaite remercier tout le personnel de l'hôpital psychiatrique de la Seyne, pour son écoute et son professionnalisme ainsi et surtout mon docteur Mr Gilles qui a lu ce livre et qui a été super agréable et compréhensif vis-à-vis de mon état pathologie.

Grand merci à Marie Laure Maman de Pauline qui a corrigé mon livre d'une main de maître !